Como alcançar

a competência aquática

DIRETORES DE COLEÇÃO:

Fernando Navarro
Doutor em Ciências do Esporte USM
Mestre em Alto Rendimento Esportivo COE / UAM
Instrutor Master da ENE / RFEN
Treinador Olímpico

Antonio Oca
Diretor Tecnico do FNCLM
Professor ENE/RFEN
Ex-Treinador Nacional da Juventude

Como alcançar
a competência aquática

JUAN ANTONIO MORENO MURCIA
Universidade Miguel Hernández de Elche (España)

LUIS MIGUEL RUIZ PÉREZ
Universidade Politécnica de Madrid (España)

sb

Madrid - Santiago - Montevideo - Asunción - Lima - Buenos Aires - Bogotá - México - San Pablo

Moreno Murcia, Juan Antonio

Como alcançar a competência aquática / Juan Antonio Moreno Murcia ; Luis Miguel Ruiz Pérez - 1a ed . - Buenos Aires : Sb, 2021.

182 p. ; 23 x 16 cm. - (Natação: do ensino ao alto desempenho. 1 : enseñanza ; 2)

ISBN 978-987-4434-26-9

1. Natação. I. Ruiz Pérez, Luis Miguel. II. Rossi Madormo, Sandra, trad. III. Título.

CDD 797.21083

ISBN 978-987-4434-26-9

1ª edição, 2021

Diretor general: Andrés C. Telesca (andres.telesca@editorialsb.com.ar)
Diretores da coleção: Fernando Navarro (fnavarrovaldivielso@gmail.com)
y Antonio Oca (antonioocagaia@gmail.com)
Desenho de capa e interior: Cecilia Ricci (riccicecilia2004@gmail.com)
Tradução: Sandra Rossi Madormo

Distribuidores

España: Logista Libros • Pol. Ind. La Quinta, Av. de Castilla-la Mancha, 2, Cabanillas del Campo, Guadalajara (+34) 902 151 242 • logistalibros@logista.es

Argentina: Waldhuter Libros • Pavón 2636 - Ciudad Autónoma de Buenos Aires (+54) (11) 6091-4786 • www.waldhuter.com.ar • francisco@waldhuter.com.ar

México: Lizma • Playa Roqueta # 218, Col. Militar Marte, Iztacalco, México (+52) (55) 380444 • www.lizmalibros.com.mx

Colombia: Campus editorial • Carrera 51 # 103 B 93 Int 505 - Bogotá (+57) (1) 6115736 - info@campuseditorial.com

Chile: Alphilia / LaKomuna • Pedro León Ugalde 1433 - Santiago de Chile (+56) (2) 25441234 - https://www.lakomuna.cl/ - contacto@lakomuna.cl

Uruguay: América Latina Libros • Av. Dieciocho de Julio 2089 - Montevideo (+598) 2410 5127 / 2409 5536 / 2409 5568 - libreria@libreriaamericalatina.com

Perú: Heraldos Negros • Jr. Centenario 170. Urb. Confraternidad - Barranco - Lima (+51) (1) 440-0607 - distribuidora@sanseviero.pe

Paraguay: Tiempo de Historia • Rodó 120 c/Mcal. López - Asunción (+595) 21 206 531 - info@tiempodehistoria.org

APRESENTAÇÃO DA COLEÇÃO "DO ENSINO AO ALTO DESEMPENHO"

Esta coleção de livros de natação titulada "Do ensino ao alto rendimento" é um emocionante passo adiante para um grupo relevante de pessoas que ficaram imersas e presas pelo ambiente aquático e que, de alguma forma, interagiram em algum campo de aplicação da prática ou ciência da natação. Muitos de seus autores são professores preocupados com o ensino da natação, o gerenciamento de instalações aquáticas, a técnica e o ensino para melhorar o desempenho nas etapas de formação ou em alto rendimento, além de uma ampla gama de conhecimentos sobre as ciências de apoio que contribuam de maneira complementar e interdisciplinar para melhorar o rendimento.

Os livros são baseados no conhecimento científico, na experiência prática dos autores e na intenção de fornecer um guia completo para as necessidades que pode enfrentar qualquer profissional de natação através de métodos pedagógicos, psicológicos, fisiológicos e biomecânicos, de treino físico, nutricional, médico e fisioterapêutico que podem ser utilizados para otimizar o desempenho.

É uma coleção que surge com o espírito de continuidade e com a esperança de que seja duradoura e frutífera, dada a sua grande diversidade e o interesse que desperta em vários campos de atuação, estruturados em quatro grandes blocos de conteúdo:

Bloco 1 – ENSINO

Bloco 2 – BASES DA PRÁTICA

Bloco 3 – DESENVOLVIMENTO DE ALTO RENDIMENTO

Bloco 4 – CONTEÚDOS DE APOIO

É um projeto ousado e pioneiro, pelo qual nos sentimos identificados desde o primeiro momento em que recebemos o convite da editora Sb para participar e, em particular, de seu editor Andrés Telesca. Ele nos cativou com sua vontade de chegar a países próximos e distantes, com um entusiasmo que, sem dúvida, expandirá o conhecimento recente e atualizado dos avanços que estão ocorrendo vertiginosamente. Podemos garantir que de nossa parte também colocaremos o máximo empenho para que assim seja.

Fernando Navarro – Antonio Oca

A Chelo e Cati,
obrigada por compartilhar esta maravilhosa travessia da vida.

ÍNDICE

INTRODUÇÃO

Competências são recursos que permitem que as pessoas tenham uma vida boa, com capacidade de responder a demandas complexas, mobilizando recursos psicológicos e sociais em um contexto específico. Uma competência básica em nossa proposta é educar para a autonomia, onde a competência para aprender a aprender nos leva a nos preocupar com o ato de aprender. O fato de aprender é precedido pelo interesse na competência de aprender a aprender, que, por sua vez, depende da possibilidade de aumentar a capacidade de aprender de uma pessoa.

Há mais de uma década, Brenner e seus colegas (Brenner, Moran, Stallman, Gilchrist e McVan, 2006) recomendaram que o conceito de natação fosse substituído pelo conceito de competência aquática em relação à prevenção de afogamentos. Pelo que entendemos, é a noção de competência aquática que melhor reflete a necessidade de o ensino favorecer a transferência. Langerdorfer (2011) definiu-a como a eficiência que as crianças podem desenvolver no ambiente aquático e que ajuda a reduzir a possibilidade de afogamento, aumentando sua capacidade de realizar com sucesso as demandas exigidas para cada contexto aquático. Da mesma forma, Moran (2013) define a competência aquática como a soma de todos os movimentos aquáticos pessoais que ajudam a evitar afogamentos, assim como o conhecimento, atitudes e comportamentos associados à segurança na água que permitem que sempre seja levada em conta dentro, sobre e ao redor dela. Nós mesmos (Ruiz, 1999, 2014) a definimos em termos semelhantes, considerando que a competência aquática tem dois tipos de componentes ou funções principais. Um de natureza modular e outro de natureza integrativa. Esses dois componentes estão intimamente relacionados a duas categorias de problemas que uma pessoa pode enfrentar: problemas de tipo mais modular e focados na solução de tarefas específicas, e problemas de natureza mais integrativa e focados na solução de situações.

Como Ruiz (2014) indicou, uma competência motriz aquática mais modular responderia à pergunta: Competência em...? e seria uma competência no desempenho de tarefas específicas, como deslizar, controlar a respiração ou flutuar. Uma competência integrativa ou situacional responderia à pergunta: Competência para...? Ou, o que é a mesma coisa, seria uma competência para resolver situações como ajudar um colega, nadar com ondas, nadar vestido ou se recuperar depois de ter caído na água. Ao resolver um problema aquático, as pessoas são confrontadas com a capacidade de funcionar com habilidades específicas, como permanecer flutuando na água pelo tempo necessário para decidir o que fazer. É quando o domínio das técnicas atinge seu significado real, mas há circunstâncias em que a pessoa precisa resolver como permanecer estável em um ambiente instável como nas ondas do mar, o que implica a capacidade de resolver problemas aplicando os recursos aprendidos.

Como competência significa suficiência em quantidade e qualidade, pressupõe sermos capazes de usar uma ampla e variada gama de habilidades adequadamente, para resolver problemas motrizes (Ruiz, 2017). Portanto, os objetivos deste trabalho, em busca da competência aquática, buscam mostrar um caminho para a aquisição de conhecimentos profundos, com conhecimentos declarativos (verbais e imagens visuais) e procedimentais (desempenho implícito no ambiente aquático: entrada e saída da água, controle da respiração, equilíbrio estático e dinâmico, orientação aquática, orientação subaquática e propulsão aquática, entre outros). O conhecimento profundo é adquirido quando o aluno se envolve em atividades aquáticas semelhantes às aprendidas, como por exemplo relacionar as ideias e conhecimentos novos a experiências e conhecimentos anteriores, integrar seu conhecimento a sistemas conceituais inter-relacionados, procurar padrões e princípios subjacentes, avaliar novas ideias e relacioná-las a uma série de conclusões, entender o processo de diálogo através do qual o conhecimento é criado, refletir sobre sua própria compreensão e seu próprio processo de aprendizado. Assim, o aprendizado profundo prepara os alunos para dominar os conteúdos aquáticos com maestria, pensar criticamente, resolver problemas, trabalhar em colaboração, comunicar-se de maneira eficaz, direcionar seu próprio aprendizado e incorporar o feedback necessário. Desta forma, a competência aquática adquirida pode permitir um contínuo aprendizado que aplique significativamente conhecimentos e habilidades de maneira flexível e criativa em diferentes situações.

Em outro sentido, para um envolvimento social adequado (convivência) consideramos necessário, criar valores sociais de participação e envolvimento com os outros, para construir confiança na sociedade. Que os participantes possam reproduzir socialmente o conhecimento adquirido (conjunto de regras de comportamento que atuam efetivamente através de mecanismos automáticos), técnicas e valores considerados necessários para a sobrevivência. Tudo isto para preparar as crianças a assumir uma vida responsável, com espírito de compreensão, tolerância, perspectiva de gênero e respeito ao meio ambiente.

E para atingir esses objetivos, propõe-se um método de ensino (Método Aquático Compreensivo), que busca a competência aquática na criança através da procura do bem-estar (segurança, conforto, etc.), do vínculo emocional (amizade, amor, afiliação, reconhecimento) e um aumento das possibilidades pessoais (sentimento de poder, autodeterminação, criatividade, eficiência). Os princípios nos quais essa metodologia se baseia é provocar um aprendizado que parte da reflexão e do raciocínio com o aluno em nível de grupo sobre um

Nossa relação com o meio aquático tem sido é permanente.

A imaginação infantil não tem limites.

determinado aspecto . A reflexão pode ser baseada na própria experiência dos alunos (por exemplo, atividades que fizeram) ou em algo totalmente novo. Partindo da pergunta como principal aliado na busca pela aprendizagem aquática, pretende-se que o participante crie o conhecimento e o compartilhe. Cumprindo o professor assim, seu papel de guia, ajustando o conhecimento criado pelos alunos ao objetivo de aprendizado. Neste procedimento, o professor intervirá quando a resposta não atender ao objetivo esperado, explicando o motivo, os elementos que não foram levados em consideração na obtenção do resultado errado e reforçando alguns aspectos necessários para obter o resultado correto. Se o conhecimento criado estiver correto, será usado da mesma maneira: identificando os elementos que foram levados em consideração, o relacionamento deles e até usando-o como uma boa prática. O feedback é realizado para todo o grupo (não apenas para os alunos que o criaram) e também ajudará o professor a ter uma visão do que o grupo de alunos fornece e, consequentemente, a tomar decisões sobre sua estratégia formativa.

Em suma, é uma proposta comprovada que visa se afastar, exclusivamente, das fórmulas habituais de ensino no ambiente aquático, onde os professores têm controle do ensino e das respostas (não do aprendizado) e os alunos que aprendem de maneira passiva (nunca na construção ativa do conhecimento a partir de suas próprias perguntas).

Nós gostaríamos de encontrar no futuro, profissionais versáteis, com capacidade de adaptação a uma sociedade que exige a mudança entre o papel de professor com conhecimento para o papel de professor do conhecimento, de ser transmissores de conhecimento a indutores dele. Propomos que o papel do professor de atividades aquáticas seja de promover, em vez de ensinar a fazer alguma coisa. Apoiando-se na aprendizagem baseada em problemas e / ou projetos em que há um alto envolvimento dos alunos, e o professor se torna o companheiro da aprendizagem, dando o apoio necessário.

Para isso, o trabalho está estruturado em uma série de capítulos que começam em um primeiro bloco em que se dá o conceito de competência aquática. A seção a seguir discute a evolução da competência aquática nas diferentes áreas do desenvolvimento (biológica, socioafetiva, cognitiva e motora), mostrando toda uma série de níveis de competência aquática ao longo do estágio infantil. Posteriormente, no capítulo chamado "Método Aquático Compreensivo", é mostrada a forma na qual se sustenta nossa maneira de ensinar. Para em seguida, descrever diferentes instrumentos para medir a competência aquática com base no desenvolvimento da criança. Finalmente, as principais ideias do documento são descritas e as referências bibliográficas são mostradas.

O documento a seguir usa nomes genéricos como "criança", "educador", "aluno", "professores" etc., que, se não forem especificamente indicados de outra forma, sempre se referirão a homens e mulheres.

Capítulo 1

CONCEITUAÇÃO DA COMPETÊNCIA AQUÁTICA

Há um golfinho adormecido em cada um de nós.
Jacques Mayol

Introdução

O desenvolvimento da competência aquática tornou-se um dos objetivos importantes a serem alcançados desde a infância. Seus efeitos no organismo das crianças são demonstrados há décadas, portanto, afirmar que as práticas aquáticas são benéficas é confirmar a necessidade dessas atividades a serem parte das experiências que todo ser humano deve ter ao longo de sua vida (Diem , 1982; Diem, Bresges e Hellmich, 1978; Moreno e De Paula, 2009).

Por algumas décadas, a expressão "Alfabetização Física" tem sido usada para destacar a necessidade de desenvolver a Competência Motora na escola com o mesmo direito que outras competências, como Competência Linguística, Competência Matemática ou Competência Social (Whitehead, 2011). Sem dúvida, essa alfabetização deve ser considerada no campo das atividades aquáticas, enfatizando assim a sua necessidade e que poderíamos chamar de "Alfabetização em Natação" ou "Alfabetização Aquática" (Albarracín e Moreno-Murcia, 2018), o que implica o desenvolvimento da competência infantil na água. Tomando como referência as propostas de Mandingo, Francis, Lodewyk e Lopez (2012), a alfabetização aquática envolveria o desenvolvimento de habilidades aquáticas fundamentais que permitam que as crianças se movam com confiança, prazer e controle no ambiente aquático.

No começo era a água

Qual é a origem do ser humano, é uma das grandes questões que, sem dúvida, a ciência estuda há séculos. E perante os que propõem a "Hipótese da Savana", estão aqueles que argumentaram que houve relações estreitas do ser humano com o meio aquático ao longo de sua evolução (Hardy, 1960; Morgan, 1982). Esses autores são os heterodoxos no momento de pensar que na evolução humana poderia ter havido uma fase aquática (Bergman, 2007; Foley e Mirazón, 2014) nomeando-a de diferentes maneiras: A Teoria dos Macacos Aquáticos (Aquatic Ape Theory-ATT), A Hipótese do Macaco Aquático (Aquatic Ape Hyphotesis-AAH), A Hipótese da Evolução Humana na beira da água (Waterside Hypothesis of Human Evolution-WHHE) ou a Teoria dos Hominídeos na beira da água (Waterside Hominid Theory-WHAT). Todas elas, com maior ou menor ênfase, defendem a mesma idéia, o ambiente aquático faz parte da evolução humana, existem até aqueles que criaram uma origem aquático-arbórea do ser humano (Verhaegen, Puech e Munro, 2002).

Seja como for, os defensores dessas teorias indicam que o ser humano teve relações com o meio aquático em sua evolução, o que significou adaptações para poder funcionar nele. São mencionadas características como a falta de pelos no corpo que favorecem o deslizamento na água, a existência de uma panícula adiposa, principalmente nas primeiras idades, a forma corporal hidrodinâmica e até se considera que a posição vertical possa ter sido desencadeada por causa da necessidade de percorrer rios. As críticas a esses postulados são muito numerosas, mas levantam questões que a Hipótese da Savana ainda não foi capaz de responder. Se essas ideias são consideradas desde seu lado menos radical, se é aceita a possibilidade de que no passado evolutivo a água estivesse presente na evolução humana, o que significava adaptações para obter comida ou mudar de um lugar para outro, um conjunto de fatos que se manifestam em todos os seres humanos fazem agora sentido, como a existência de um reflexo de natação estudado por Myrte MacGraw (1939) ou a existência de um reflexo de imersão, podem ser remanescentes ancestrais (Fig. 1.1). Um aspecto interessante nesta discussão é saber se existem exemplos de populações nas quais o ambiente aquático é tão cotidiano, ou ainda mais, que o terrestre para se desenvolver, é o caso dos chamados "nômades do mar".

Os nômades do mar

No sudeste da Ásia, existem populações para as quais o mar é o seu meio de subsistência. Eles vivem em comunhão com o ambiente aquático a ponto de desenvolver habilidades aquáticas que são difíceis de encontrar em outras latitudes. Eles são chamados de "Nômades do Mar" e se referem a grupos como os Moken e os OrantLaut da Malásia e Indonésia e os Bajau Laut das Filipinas, Malásia e Brunei. O contato precoce com a água permitiu que desenvolvessem

Figura 1.1 Reflexo de nado de acordo com McGraw (1939)

uma inteligência aquática que lhes permitisse trabalhar e aproveitar a água totalmente.

Apesar de serem populações independentes, elas coincidem em um estilo de vida semelhante e em uma competência aquática invejável, que nada tem a ver com o domínio dos estilos de natação. Todos eles vivem do que o mar lhes proporciona e o fazem há mais de 1000 anos, mostrando extraordinárias habilidades aquáticas. Para essas populações, mergulhar na água é a mais comum, e nisso passam a maior parte do tempo coletando ou pescando, e as crianças participam dessas tarefas desde pequenos.

Abrahamson e Schagatay (2014) estudaram essas populações e descreveram como essas pessoas passam em média 6 horas por dia na água, chegando até 10 horas, e 50% desse tempo estão debaixo d'água. Sua vida se desenrola em seus barcos, sem a necessidade de ir a terra firme. O playground é o mar. Se os adultos geralmente usam óculos em seus mergulhos quando trabalham, as crianças não os usam quando pescam debaixo d'água. Esse estilo de vida levou a adaptações notáveis semelhantes às que podem ser observadas em muitos animais marinhos, e que têm a ver com o reflexo de imersão e com sua clareza de visão debaixo d'água, uma circunstância que foi estudada em detalhes por Gislén, Dacke, Kröger, Nilsson e Warrant (2003).

Este pesquisador, surpreso com a acuidade visual subaquática que as crianças Moken mostraram, queria estudar se era uma questão genética ou, pelo contrário, era fruto de uma extensa exposição dessas crianças à água. Para isso, ele avaliou a acuidade visual sob a água de 6 crianças Moken e 28 crianças européias. Os resultados confirmaram sua superioridade em responder aos testes visuais apresentados debaixo d'água. Ao considerar a razão desses resultados, ele verificou que as crianças Moken eram capazes de contrair e acomodar suas pupilas debaixo d'água, algo que as crianças europeias não faziam. Para este pesquisador, a vida na água dessas crianças as levou a aprender a contrair voluntariamente as pupilas para poderem ver claramente debaixo d'água. A vida na água por milhares de anos favoreceu as habilidades visuais subaquáticas necessárias para sua sobrevivência. Algo semelhante ocorre com as pescadoras de pérolas AMA do Japão ou Hae Nyo da Coréia, que foram amplamente estudadas em suas características fisiológicas e de mergulho.

A competência aquática das crianças Bajou ou Moken, ou as competências aquáticas das pescadoras japonesas AMA ou coreanas, são o resultado de um verdadeiro processo informal de treinamento em modelagem social, realizado desde tenra idade, com uma exposição deliberada e abundante das crianças ao ambiente aquático.

Existe uma qualidade que nos torna aquáticos?

Parece óbvio que o ser humano possui algumas características que lhe permitem se desenvolver no ambiente aquático e se sentir confortável nele, além de ser eficiente, tanto na superfície quanto submerso, e esse atributo alguns chamaram de disponibilidade aquática (Lagendorfer e Bruya, 1995) e mais recentemente "Aquaticity" (Varveri, Flouris, Smirnios, Pollatau, Karatzaferi e Sakkas, 2016). Como tal, é um termo de difícil tradução para o português, mas que pode muito bem ser entendido como a posse de um atributo ou uma qualidade favorável para se desenvolver com sucesso no ambiente aquático. Algo que para seus promotores melhora com o aprendizado e com a exposição abundante à água.

Para esses autores, essa qualidade é o que permite ao ser humano ter sucesso e desfrutar do contato com o ambiente aquático, seja sem materiais, ao que chamam de capacidade físico-aquática (physicalaquacity) ou interagindo com seu ambiente físico (technicalaquacity) ou social (interactiveaquaticity). Já seja sobre a água (overwateraquacity) ou debaixo d'água (underwateraquacity). Nesse sentido, é uma qualidade que deve ser desenvolvida desde a mais tenra idade, para favorecer o contato emocional com a água e perder a possibilidade de desenvolver fobias ou medos. Uma pessoa demonstraria que possui essa qualidade quando estando na água, mostra competência para se equilibrar, controlar sua respiração, ver objetos submersos, mergulhar enquanto mantém a respiração, se mover em direções diferentes, mudar de posição, pular na água de lugares diferentes etc., e tudo com confiança. Sem dúvida, tudo isso lembra o que os Moken ou Bajou manifestam diariamente em suas relações com o ambiente aquático, quando brincam ou quando coletam produtos do mar.

Componentes da Aquaticity (Competência Aquática)

Tomando essa classificação como referência, os autores estabelecem que existem quatro componentes dessa competência aquática que os seres humanos podem desenvolver e que se manifestam nos nômades do mar ou nas pescadoras de pérolas coreanas e japonesas (Fig. 1.2).

A competência aquática é colorida por afetos e emoções .

A competência aquática vai além das piscinas.

Figura 1.2 Componentes da noção de Aquaticity

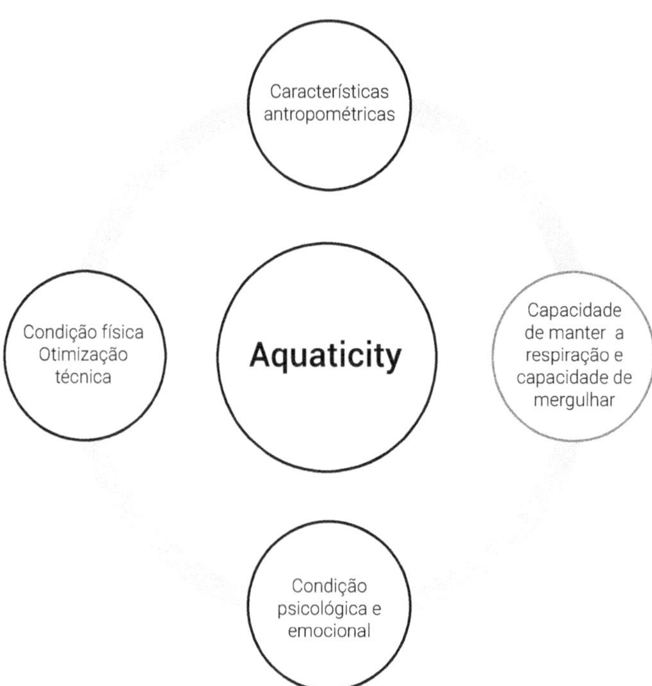

Dispor dos recursos energéticos necessários na água é essencial para promover sentimentos de confiança e segurança. O domínio das técnicas de natação que favorecem a presença na água também é um dos componentes dessa qualidade. Ser capaz de flutuar, se orientar na água, ver e ouvir, etc. É necessário estabelecer uma relação emocional com a água para que essa qualidade do ambiente aquático se desenvolva nas pessoas. O contato precoce com o ambiente aquático impede que sentimentos de medo ou pânico se manifestem na criança e não desfrute da água.

A capacidade de manter a respiração embaixo da água é uma competência muito relevante, por isso se destaca como um componente dessa qualidade. Destacam também o componente antropométrico relacionado às características corporais dos seres humanos, à densidade óssea, a composição corporal, o comprimento de seus segmentos ou a capacidade vital de seus pulmões. Todas essas características desempenham um papel no desenvolvimento dessa competência aquática que chamam de Aquaticity e que propõem que pode ser avaliada (Varveri et al., 2016) por meio de um conjunto de 10 tarefas. A tabela 1 mostra as tarefas propostas.

Tabela 1.1. Tarefas do Test de Aquaticity

TAREFA	DESCRIÇÃO
Flutuar e se manter na superfície da água	Manter uma posição supina ou prona de flutuação
Controle da respiração.	Mostrar a capacidade de soltar o ar dentro da água de forma rítmica.
Posição hidrodinâmica embaixo da água	Submergido, impulsionar a parede da piscina e deslizar mantendo a posição hidrodinâmica.
Técnica de estilo livre de natação na superfície.	Nadar 25m com um estilo técnico.
Condição física na água	Nadar maneira contínua durante 5 minutos utilizando algum estilo de natação
Manter-se em posição vertical na água com a cabeça fora d'água.	Manter a cabeça fora d'água enquanto está em uma posição vertical.
Visão embaixo d'água	Sem óculos embaixo da água, identificar várias formas, cores e realizar uma tarefa de habilidade
Audição embaixo d'água.	Reconhecer um som embaixo d'água, sua localização e vários sons seguidos.
Natação submergida. Apneia dinâmica	Deslizar o máximo possível embaixo da água, mantendo a respiração
Mergulho exploratório.	Mergulho voluntário enquanto vai soltando o ar.

A abordagem da "competência aquática"

Durante décadas, para especialistas no campo das atividades aquáticas, foi necessário mudar a expressão hegemônica de "Natação" como expressão de tudo o que é aquático (Brenner, Moran, Stallman, Gilchrist e McVan, 2006; Moreno e De Paula, 2009; Langendorfer e Bruya, 1995) sobre a prevenção do afogamento. Nem todo mundo levantou essa noção da mesma maneira e com as mesmas intenções. Embora, para alguns, essa abordagem deva ter o objetivo de obter cidadãos com instrução aquática, para que possam aproveitar a água e não se afogar (Stallman, 2017; Stallman, Morán, Quan e Langendorfer, 2017).

Para os autores deste livro, a Competência Aquática é contemplada e faz parte de uma definição mais ampla de competência motora (Ruiz, 1995, 1999, 2014) e seu desenvolvimento vai além da prevenção de afogamentos. Entender o que significa ter competência motora supõe considerar a criança de maneira holística nos diferentes contextos em que pode atuar, incluindo o aquático, contemplando-o em todas as suas dimensões: cognitiva, motora, social e emocional.

Isso implica que, a partir de uma competência motora geral, a criança vai adquirindo novas formas de resolver os problemas motores que podem surgir na água, que aprende procedimentos de atuação e os aplica de maneira variável. Este é um processo no qual os diferentes componentes da ação vão sendo dominados e incorporados em sequências de ação mais complexas (Ruiz e Linaza, 2015). Implica também verificar de maneira concreta a forma como ele usa essas habilidades aquáticas específicas nas diferentes situações propostas. O global e o específico se misturam e influenciam cada uma das tarefas aquáticas que a criança deve realizar, é adotar a dinâmica e a complexidade de seu desenvolvimento. Atualmente, os modelos de competência motora que estão surgindo (Stodden et al., 2008) tentam ser uma crítica aos modelos descritivos do desenvolvimento motor que não explicam os processos subjacentes a esse desenvolvimento, mas as suas propostas não atingem esse objetivo, uma vez que todas coincidem na identificação com o domínio e eficiência nas habilidades motoras fundamentais.

Neste livro, queremos propor uma noção de competência motora que é mais do que domínio e eficiência em um repertório de habilidades consideradas fundamentais para evitar afogamentos. Optamos por uma visão bruniana (Ruiz e Linaza, 2015), na qual quando falamos de competência motora ou aquática, estamos falando de inteligência para agir, uma inteligência operacional que exige procedimentos de atuação e que não significa apenas agir para mudar o ambiente, mas também significa se adaptar a ele. Uma inteligência que se manifesta no domínio de habilidades fundamentais e complexas e em sua aplicação a situações de graus variados de complexidade. Uma inteligência que exige conhecimentos de todos os tipos (declarativo, processual, afetivo e estratégico), tanto no meio terrestre como no aquático (Ruiz, 1995).

A competência aquática se refere, portanto, ao conjunto de conhecimentos, procedimentos, atitudes e afetos que as pessoas precisam para resolver problemas ou desfrutar de diferentes ambientes aquáticos. Esta definição coincide com as atualmente destacadas por especialistas no mundo aquático e para quem a competência aquática envolve a consideração de conhecimentos, habilidades e valores (Stallman, 2017). Assim, Morán (2013) a define como a soma de todos os movimentos aquáticos que ajudam a evitar afogamentos e que estão associados aos conhecimentos, habilidades e valores da pessoa, uma definição da qual Stallman (2017) e Stallman et al. (2017) participam.

Portanto, as crianças aprendem a ser competentes na água, porque aprendem a interpretar melhor as situações que exigem uma atuação efetiva, resultado de suas intensas, numerosas e variadas interações com esse ambiente, e porque desenvolvem os recursos necessários para responder de maneira adequada às demandas de cada situação, o que implica o desenvolvimento de um sentimento de competência para atuar, de confiança nos próprios recursos (Ruiz, 1995, 2014).

A competência aquática supõe:

Ganhar sua atenção é fundamental.

O meio aquático é dinamizador das relações sociais.

1. A capacidade de desenvolvimento na água.
2. A capacidade de ler situações que exigem uma atuação competente.
3. A capacidade de iniciar relacionamentos com outras pessoas na água.
4. A capacidade de resolver problemas aquáticos com ou sem material, sozinho ou em companhia.

Dimensões da competência aquática

O que caracteriza a competência aquática é que ela está sempre em constante transformação. A criança está sempre tentando ser mais competente. Podemos afirmar que o ser humano nasce com o impulso de querer ser competente nos diferentes meios nos quais se encontra. É por isso que a competência motora e aquática evolui com o tempo, os processos de crescimento e desenvolvimento favorecem que as crianças sejam cada vez mais capazes de enfrentar novos desafios. Estamos falando da visão diacrônica do desenvolvimento da competência motora e aquática, das transformações que ocorrem ao longo da vida. Transformações geralmente contempladas em termos de fases, etapas ou estágios, e que envolvem maneiras concretas de perceber e atuar. Mas em cada fase, etapa ou estágio, as crianças mostram seus recursos específicos na água, dominam técnicas concretas, padrões específicos que lhes permitem girar, entrar e sair ou mergulhar. Essa é a visão sincrônica, que estabelece o que se poderia esperar das crianças em cada momento evolutivo (Fig. 1.3).

Juntamente com estas visões diacrônicas e sincrônicas da competência motora, seria necessário destacar as duas dimensões, a dinâmica, ou seja, aquela que é diretamente observada quando uma criança pula na piscina, joga uma bola praticando polo aquático, mergulha para pegar um objeto no fundo ou continuar flutuando de costas. É esta dimensão que pode ser verificada com os testes e as provas motrizes. Por outro lado, há outra dimensão mais psicológica, mais focada nas crenças e autopercepções de competência que as crianças podem desenvolver ao longo do período escolar e que estão intimamente relacionadas ao seu desenvolvimento cognitivo, com suas realizações neste campo e a interpretação que fazem delas.

A percepção da competência é um fenômeno evolutivo que muda ao longo dos anos de desenvolvimento. Nas idades da Educação Infantil, a precisão desses julgamentos é muito baixa, identificando competência com esforço. Com o aprimoramento cognitivo, são capazes de avaliar com mais precisão o esforço utilizado para as habilidades reivindicadas e a conquista alcançada.

É lógico pensar que as crianças em suas atividades aquáticas desenvolvam uma opinião sobre si e sobre suas diferentes possibilidades de ação, pensamento ratificado pela opinião dos adultos que as rodeiam.

Figura 1.3 Modelo de competência motora/aquática

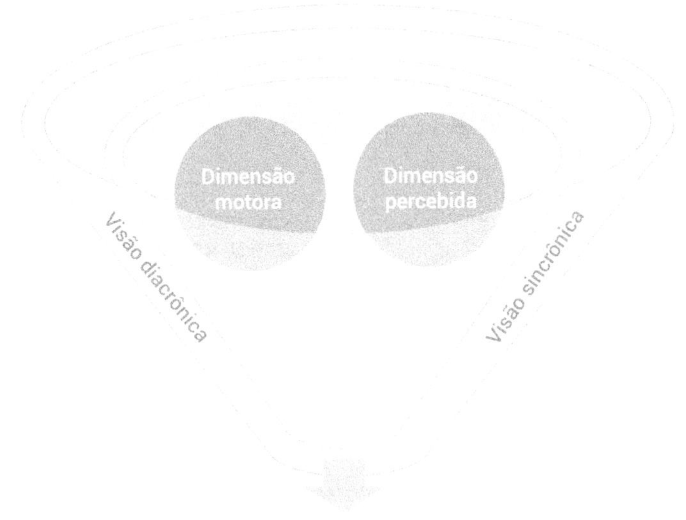

Competência aquática

Componentes da competência aquática

Esta concepção de competência aquática possibilita destacar que existem dois tipos de componentes ou de funções principais: uma seria de tipo modular e outra de natureza integrativa (Ruiz, 2014). Estas duas funcionalidades estão intimamente relacionadas a duas categorias de problemas que a criança pode enfrentar na prática. Por um lado, problemas de tipo mais modular e focados na solução de tarefas específicas, como entrar na água ou deslizar nela se impulsionando na parede da piscina o máximo possível. O outro tipo de problema seria mais abrangente ou focado em resolver situações como as apresentadas em uma brincadeira na água (Fig. 1.4).

Portanto, uma competência aquática mais modular responderia à pergunta: Competência na água em...? e seria uma competência na realização de tarefas específicas como pular na água, flutuar, nadar um estilo ou mergulhar. Uma competência de integração responderia à pergunta ¿Competência aquática para.?, ou seja, seria uma competência para resolver situações aquáticas como as que ocorrem em jogos ou esportes. Uma criança ao resolver uma tarefa aquática da classe é confrontada com a situação de trabalhar com habilidades específicas, como nadar crawl, por exemplo. No entanto, existem outros tipos de tarefas nas quais não existe uma solução única, por exemplo, tentando permanecer no tapete sem ser jogado na água, e deve integrar o que conhece e domina para encontrar a melhor solução para essa situação. É aqui que surge a possibilidade de existirem perfis aquáticos pessoais mais modulares ou mais integradores entre as crianças. Que há crianças com melhor desempenho quando precisam mostrar ações concretas, como flutuar ou girar, mas que têm dificuldade em responder às demandas de um jogo de bola na água.

Figura 1.4 Componentes da competência aquática

Conhecimento
Procedimentos
Atitudes
Afetos

Componentes de competência aquática

Componentes

Modulares

Integrativas

Exemplos de atividades

Modulares:
- Entrar e sair da água
- Deslizamentos e propulsões
- Controle da respiração
- Flutuações
- Orientação na água
- Visão e audição submerso
- Mergulho, etc

Integrativas:
- Jogos aquáticos
- Natação em rios, lagos, mar
- Situações inesperadas
- Mergulhos para pegar objetos
- Saltos de várias alturas
- Nadar vestido
- Situações subaquáticas, etc

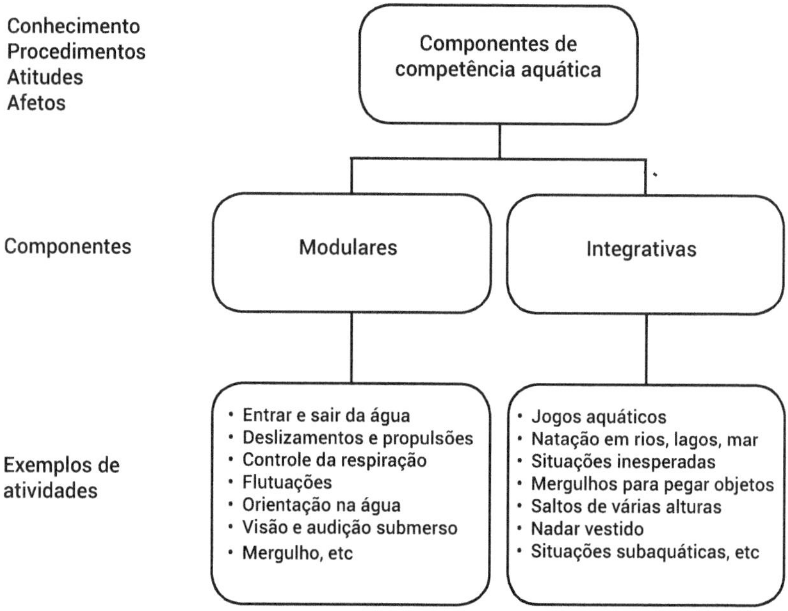

Atingir a competência aquática

A noção de competência aquática é uma noção de processo, de se tornar, de ser alcançada conforme declarado neste livro. Para isso, é reivindicada a participação, consciente e inconsciente, da criança em suas interações com o ambiente aquático, os objetos e professores. A piscina, o rio, o lago ou o mar tornam-se espaços de desenvolvimento motor-perceptivo nos quais são colocadas em prática as competências modulares e integradoras.

Falar em competência aquática significa considerar que o conhecimento que a criança desenvolve na água se estende além dela, em direção a objetos e materiais. Coletes, manoplas, flutuadores tubulares, tapetes, embarcações ou pranchas tornam-se meios para serem mais competentes na água e na extensão de seus corpos. O contato habitual e abundante com o ambiente aquático e seus materiais, em suas diferentes manifestações, ajuda a criança a perceber suas possibilidades de ação e os convites (affordances) que o ambiente aquático lhe oferece. É o pon-

O toque e o contato com a água nos tornam mais competentes

Desafios e convites para atuar sempre devem estar presentes.

to de partida para uma educação sobre segurança aquática que permite que as crianças valorizem suas possibilidades de maneira cada vez mais precisa.

Janelas de vulnerabilidade

O desenvolvimento da competência aquática na infância é uma garantia de segurança, mas a realidade nos mostra que mesmo aqueles que dominam as habilidades de natação e que se desenvolvem na água com certa competência também podem se afogar. É por isso que para aqueles que estão preocupados com o desenvolvimento da competência aquática, considerar o que pode influenciar certas circunstâncias, para que as crianças adotem comportamentos de risco é de fundamental importância. As razões pelas quais uma criança pode sofrer um acidente na água são muito diferentes. É neste ponto que desejamos enfatizar a dimensão perceptiva e cognitiva da competência aquática, e isso nos permite entender muitos das condutas de risco das crianças (O´neal e Plumert, 2014).

Já foi comentado que a percepção de competência é um elemento crucial no desenvolvimento da competência aquática. Esta percepção da competência aquática muda ao longo dos anos, sendo nos mais novos de menor precisão em seus julgamentos, de modo que conforme sua experiência e recursos cognitivos aumentem, sejam mais precisos, mas sempre há a possibilidade de que tomem decisões arriscadas que carregam a possibilidade de um acidente. Isto acontece em diferentes cenários, pode acontecer na estrada quando andam de bicicleta ou na piscina quando mergulham sem ter verificado se existe a profundidade necessária para esse mergulho (Plumert, 1995, 2003). As causas deste tipo de comportamento podem variar e partem das características pessoais das crianças, como idade, sexo ou temperamento, às relacionadas à família, aos seus costumes e práticas, assim como de seus companheiros.

O desenvolvimento da competência aquática supõe assumir as janelas de vulnerabilidade que levam as crianças a ter erros de julgamento. Estas janelas de vulnerabilidade têm a ver com o que acreditam ser capazes de fazer e sua verdadeira competência na água, algo que pode levá-los a situações de risco não intencional (Plumert, 1995), já que mesmo sendo cautelosos e dominando as habilidades aquáticas fundamentais podem cometer erros de julgamento que os tornam propensos a acidentes. Daí a necessidade de o desenvolvimento da competência aquática se tornar uma verdadeira educação dos valores de segurança.

É por isso que favorecer o desenvolvimento da competência aquática não é simplesmente fornecer habilidades de natação, mas considerar a dinâmica perceptivo-cognitiva das crianças, contemplando-a em sua totalidade. Os professores têm a responsabilidade de estabelecer espaços de desenvolvimento aquático nos quais as crianças evoluam no seu próprio ritmo naturalmente e sem obstáculos, promovendo sua autonomia e segurança. Se estivermos em um lugar onde a criança não dá pé, nossa presença é uma fonte de segurança.

Orientar sem pressionar, apoiar sem obrigar.

Aprender sobre si mesmo e sobre os objetos na água.

Capítulo 2
EVOLUÇÃO DA COMPETÊNCIA AQUÁTICA

Como já mencionado no capítulo anterior, as relações do ser humano com o meio aquático são mais intensas do que se costuma considerar e apresentam dúvidas sobre se o desenvolvimento humano deve ser contemplado apenas como um ser terrestre. Há todo um conjunto de peculiaridades que nos incentivam a pensar que o ser humano poderia ter um passado aquático, o que nos leva a analisar em detalhes como a competência no ambiente aquático evolui na infância.

Este processo de desenvolvimento da competência aquática supõe a consideração de todos os principais elementos levados em conta neste desenvolvimento. Entre eles estão os fatores individuais (hereditários, biológicos), os fatores contextuais (experiência anterior, aprendizado, fatores socioculturais etc.) e os fatores da tarefa (características físicas e mecânicas, requisitos cognitivos). Por outro lado, o produto da competência aquática emerge de uma relação estabelecida entre as crianças, as tarefas e os contextos aquáticos. Esta relação define as janelas de oportunidade, os momentos sensíveis para o aprendizado e o desenvolvimento da competência aquática, da adaptabilidade à água. Existem fases do desenvolvimento motor ajustadas a certas faixas etárias nas quais as diferenças individuais devem ser levadas em consideração. Por sua vez, estas fases são especificadas em estágios de desenvolvimento que mostram as transformações qualitativas que ocorrem nas crianças (Diem, 1982; Langendorfer e Bruya, 1995; Moreno-Murcia e Albarracín, 2017).

Dado que, neste texto, o conceito de competência aquática é contemplado holisticamente, as principais linhas de evolução desta competência aquática são apresentadas com ênfase especial na dimensão modular e integradora da competência motora aquática, relacionando-a a dimensões afetivas e cognitivas do desenvolvimento.

Desenvolvimento da competência motora aquática

O desenvolvimento motor das crianças nos primeiros 10 anos de vida é variado e rico em expressões e possibilidades. O usual é descrever estes processos de mudança e transformação com base no que eles são capazes de fazer no ambiente aquático. Segundo especialistas (Gallahue, Ozmun e Goodway, 2012; Clark, 2005; Ruiz, 1987), o processo de desenvolvimento motor pode ser explicado através de um conjunto de metáforas que expressam os diferentes momentos evolutivos nos quais as habilidades motoras de meninos e meninas mudam e se transformam. Uma das metáforas mais conhecidas é considerar o desenvolvimento motor como a conquista do topo de uma montanha (Clark, 2005). A partir dessa metáfora em que diferentes fases são estabelecidas, pode-se estabelecer que o desenvolvimento motor no ambiente aquático possa ser definido nos mesmos termos.

Fig. 2.1. Metáforas da montanha no desenvolvimento motor aquático (baseado em Clark, 2005)

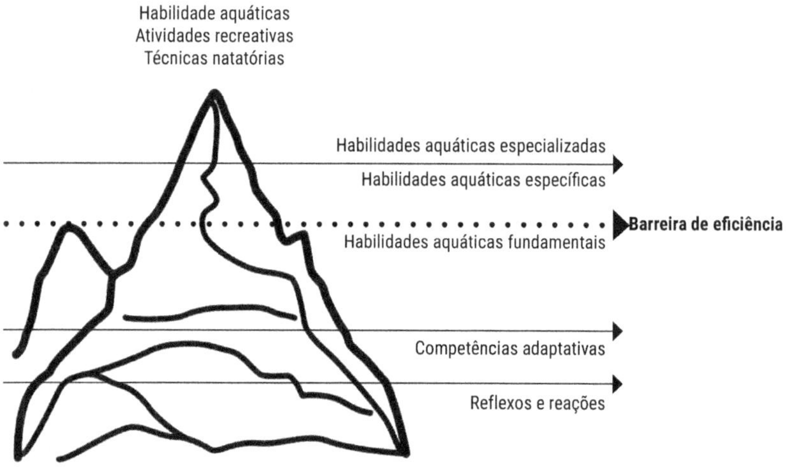

Como pode ser visto na Figura 2.1, tudo começa com o conjunto completo de reflexos e reações que, de uma maneira ou outra, lembram um passado aquático. Estamos nos referindo ao reflexo da natação estudado por Myrte McGraw na década de 1930 (McGraw, 1939, Fig. 2.2) e à existência de um conjunto de reações de bloqueio da glote durante os primeiros meses de vida, que nos falam sobre a relação do ser humano com a água, sendo um dos primeiros estudos sistemáticos sobre o comportamento motor aquático infantil. Esta pesquisadora propôs a existência de um modelo de três fases no desenvolvimento neuro motor. A primeira é a fase reflexa que se manifesta até a décima sexta semana, seguida por uma fase desorganizada em seus movimentos, que vá diminuindo por uma inibição cortical. Sendo a terceira fase aquela que inicia perto dos 12 meses de idade na qual se movimenta deliberadamente, destacando que estas fases refletem a mudança de um controle motor subcortical para outro cortical (Zelazo, 2009).

Os sorrisos na água indicam que tudo está muito bem.

Se movem melhor, quando se sentem seguros.

Fig. 2.2. Fases do desenvolvimento motor aquático de acordo com McGraw (1939)

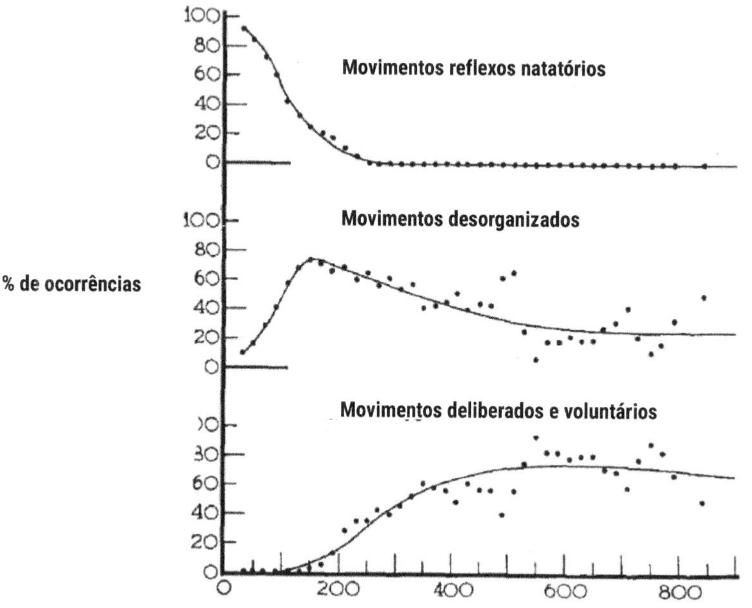

Fig. 2.3. Fases do desenvolvimento motor aquático de acordo com McGraw (1939)

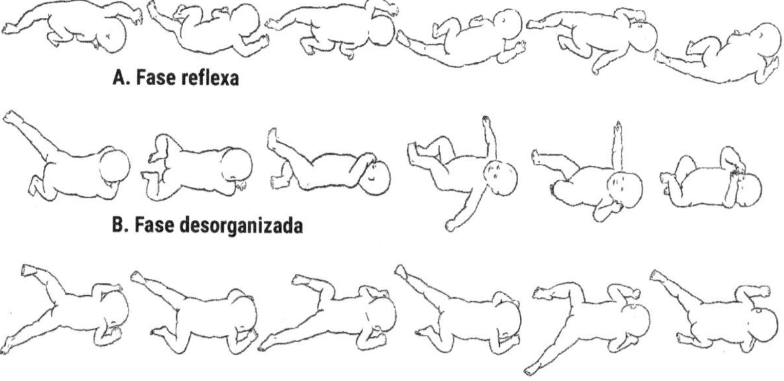

A fase de movimentos rudimentares e adaptativos à água geralmente leva até dois anos, sendo o momento em que os reflexos são inibidos e os comportamentos voluntários emergem, e deve ser capaz de prender a respiração para não engolir água; mesmo assim, é comum que existam crianças chamadas de grandes bebedores (Azemar, 1982). Seus movimentos são mais controlados e, se a água tem a temperatura certa, mostram uma melhora progressiva de sua coordenação. Note-se que desde os primeiros dias já existem tentativas no bebê de direcionar voluntariamente seus movimentos oculares; portanto, o aparecimento de certos movimentos voluntários é muito precoce, o que implica que durante este primeiro ano os movimentos voluntários e involuntários coexistam. Nesta etapa, acontece a substituição do controle automático pelo controle voluntário para desempenhar as mesmas funções, mas com mais eficácia. A inibição dos reflexos é seguida por um estágio de pré-controle que ocorre durante o segundo ano de vida e representa um aumento na precisão e controle dos movimentos que surgiram no estágio anterior. Nesta fase, a capacidade de responder a estímulos verbais feitos por adultos aparece e é capaz de desenvolver respostas a ações de graus variados de complexidade.

A competência motora nestes estágios iniciais é caracterizada pela intencionalidade e suas competências mais rudimentares são refinadas e enriquecidas pelo exercício realizado nos múltiplos convites (possibilidades). À medida que vai crescendo, os grandes sistemas corporais (ossos, músculos e nervos) permitem que a criança se adapte ao ambiente aquático e resolva os problemas que este apresenta (flutuar, mover os braços, manter a cabeça fora da água, etc.). Cada nova atividade que conseguir dominar o preparará para a próxima e, quanto mais praticar cada uma delas, mais precisão terá.

Alguns dias após o nascimento, a maioria das crianças pode mover a cabeça de um lado para o outro quando estão em decúbito dorsal e pode levantá-la quando estão em posição de bruços. Mais tarde, a mantêm na posição sentada e, finalmente, conseguem levantá-la na posição supina. A maioria das crianças consegue se sentar com apoio aos 4 meses, em uma cadeira especial para crianças aos 6 meses e completamente sozinha aos 7-8 meses. A criança enfrenta uma realidade sensorial e motora incomum relacionada à água.

Entre o quinto e o sétimo mês, a criança consegue girar em dois intervalos, primeiro se volta para a posição deitada em decúbito dorsal, quando está deitado de bruços e depois pode voltar para a posição deitada em decúbito ventral, quando está deitado em decúbito dorsal. A evolução postural pressupõe que dissocia gradualmente seus segmentos: cabeça, tronco, pelve, membros inferiores, distribuindo sua força muscular e diminuindo sua tensão. O movimento dos segmentos do seu corpo favorece a adoção da verticalidade na água através da colocação da pelve e das extremidades inferiores. Durante este período, o movimento simultâneo das extremidades inferiores dá lugar a um movimento alternativo, semelhante aos movimentos que serão alternados para caminhar. Antes de ficar em pé, entre 9 e 10 meses, as crianças se movem na superfície de várias maneiras, engatinham para frente e para trás, apoiando-se nas mãos e nos joelhos, rastejam nas nádegas, quando sentadas, usando os braços e as pernas como auxílio e, por fim, a grande maioria caminha quadrúpede apoiando as mãos e os pés, enquanto no ambiente aquático a oferta de suportes favorece o deslocamento vertical (ascensão e descida do corpo na água), presença de adultos (pais ou professores) evita a imersão inadvertida das vias aéreas devido a essas mudanças de posição. Cerca dos 9 aos 10 meses, as crianças obtêm a posição ereta com a ajuda de adultos ou segurando em objetos e, mais tarde, dos 12 aos 13 meses, podem fazê-lo sozinhos.

Dos 15 aos 16 meses, a criança já tem a capacidade de correr na posição vertical, embora de forma descoordenada. Em meados do segundo ano, eles adquirem a capacidade de andar de lado, tentando também caminhar para trás. Assim como os neonatos têm o reflexo de preensão, os bebês de cinco meses o perderam e não agarram com firmeza, mas têm a necessidade de tocar os objetos. Aos 7 meses o ato de segurar é voluntário, embora não inclua o movimento do polegar ou do braço, e aos 15 meses podemos observar o ato de segurar já maduro. É capaz de manter o corpo na posição vertical. Até o mês 24, o conforto locomotivo intervém como um parâmetro importante na conquista do espaço sobre e debaixo d'água. Durante estas primeiras fases do desenvolvimento motor aquático, são desenvolvidas as operações básicas de coordenação entre visão, mãos e corpo, que serão aperfeiçoadas progressivamente nos anos seguintes.

Quanto à aquisição de habilidades motoras, há uma ordem definida que vai do simples ao complexo e do global ao específico. À medida que a criança cresce, revela mais controle e especificidade nas ações. Quando o controle de vários movimentos diferenciados é alcançado, estes são integrados para obter ações mais complexas. Assim, alcançará o controle fino dos dedos somente quando tiver um controle adequado das mãos e começará a andar quando conseguir integrar o controle das pernas, pés e braços em um movimento coordenado. Ao longo do primeiro ano, mesmo em crianças que mais tarde serão destras, verifica-se que a coleta e manipulação dos objetos é realizada em princípio com a mão não dominante e mais tarde com a mão que será a dominante, mas sem perder a manipulação com a anterior, ou seja, são ambidestras. Aos 18 meses e depois aos 3 anos, novas possibilidades aparecem no uso das mãos nas quais a criança não parece muito definida em termos de dominância, trocando periodicamente a manipulação com uma ou outra mão. Na fase das habilidades aquáticas básicas, e a partir dos 4 anos, quando sua dominância manual for estabelecida e utilizada com mais frequência, aprenderá nas idades seguintes (7 anos) quando usar a mão não dominante ou ambas indistintamente.

Nesta fase das habilidades aquáticas básicas, e a partir dos 5/6 anos, suas habilidades e competências motoras aquáticas evoluirão através do uso funcional, em seus jogos e na resolução de tarefas que o adulto propõe na água, estando disponível para aprender formas técnicas de natação, pois melhoram os mecanismos envolvidos na execução de tarefas motoras (atenção, percepção, tomada de decisão, tempo de reação etc.). É comum ver como os meninos superam as meninas em tarefas de lançamento e velocidade na corrida, e elas os superam em atividades que exigem agilidade e ritmo, mas é apropriado assumir que estas diferenças sejam devidas a diferentes tratamentos e diferentes oportunidades de experiência e oportunidades oferecidas às crianças a partir do

A função lúdica está gravada em nosso cérebro.

próprio berço. O ambiente aquático pode se tornar um espaço perceptivo-motor de oportunidades no qual o sexo das crianças não tem relevância, mas sim a proposta de problemas aquáticos para resolver, manipulando as restrições e permitindo que as crianças explorem e encontrem soluções diferentes para os problemas apresentados.

Na fase de habilidades específicas, entre as idades de 8 e 10 anos, estamos na era de ouro da aprendizagem aquática, na qual há maior controle motor e maior coordenação onde os aspectos espaço-temporais são expressados na orientação, mudança de posição, manuseio de materiais e orientação em relação aos outros, de maneira progressiva.

Aos sete anos, ele demonstra uma nova compreensão de altura e se comporta com cautela quando sobe e quando brinca. Repete incansavelmente uma atividade até dominá-la. Pode ter períodos em que apenas se envolve em um tipo de atividade e, de repente, a abandona por outra. Aos oito anos, mostra fluência, graça e equilíbrio em seus movimentos. Movimenta as pernas na água com facilidade, tendo consciência de sua postura e posição dentro dela, e lembra de que às vezes deve mudar de posição para poder progredir com competência. É a partir desta idade que mostra uma maior facilidade para aprender novas técnicas de natação, e sua espontaneidade o leva a fazer as coisas com frequência, a seu critério, depois de tentar fazê-las como ensinado. Há um aumento na velocidade e fluidez nas operações motoras finas. Aos nove anos trabalha e brinca muito, já controla as combinações de ritmos diferentes, o que significa, além de suas habilidades expressivas, a possibilidade de capturar as diferenças em determinadas tarefas em termos de mudanças de ritmo e a possibilidade de executar tarefas em que ritmos diferentes são combinados. É mais competente em seu comportamento motor e a regulação temporal de seus movimentos melhora significativamente, mostrando um maior interesse em mostrar sua competência.

Na última fase das habilidades mais refinadas, (10 a 12 anos), é uma seção etária em que a competência motora é fluida, harmoniosa, dinâmica e precisa. O seu aprimoramento físico e motor, se une a um aumento no interesse relacionado com a saúde e ao exercício, o que aumenta sua motivação para atividades aquáticas e sua prática.

Por fim, mencionaremos a Barreira de Eficiência que, como o nome indica, para que o progresso na competência motora aumente e se consolide, é necessária uma ampla e variada experiência, um programa de prática que permita às crianças ter a oportunidade de mostrar sua competência na água. A pesquisa e as evidências anedóticas de populações que vivem perto da água ou no próprio ambiente aquático (ver Capítulo 2), têm sido claras, manifestando os efeitos favoráveis que as experiências aquáticas iniciais têm no desenvolvimento da competência aquática. Daí a importância de oferecer condições materiais e humanas adequadas para favorecer a mudança, de conhecer o mais amplamente possível o desenvolvimento motor na água e as possibilidades de intervenção que oferece.

A seguir, focaremos a atenção em algumas habilidades aquáticas fundamentais.

Competência nos deslocamentos - propulsão na água

O deslocamento no ambiente aquático (na posição horizontal) ocorre principalmente pelos braços, ficando as pernas como equilibradoras, desde que não haja apoio no solo. Enquanto na posição vertical, há um equilíbrio entre os membros superiores e inferiores. Em relação aos padrões característicos de movimento, são encontradas uma série de semelhanças nos primeiros estágios que podem ser resumidas na seguinte evolução:

- Movimentos reflexos alternativos de braços e pernas (nado automático).
- Movimentos simultâneos organizados simultaneamente (tipo sapo).
- Movimentos alternativos das pernas (flexo-extensão e bicicleta).
- Movimentos coordenados de braços e pernas (cachorrinho).

Estes movimentos típicos aparecerão em praticamente todas as crianças com menos de três anos de idade e, dependendo da maturidade e da prática, as idades de aquisição variam ligeiramente e o último nível pode não ocorrer se não houver possibilidade de prática. Os primeiros movimentos do bebê até um ano são produzidos, basicamente, por suas ações reflexas, que o levarão a se mover e a torná-lo capaz de se deslocar e fazer pequenos giros. O que é percebido com o passar do tempo é que, quanto mais autonomia ele tem, mais capacidade adquire em seus movimentos e giros. A partir de onze dias, os bebês submersos na água fazem movimentos aquáticos rítmicos que são controlados em um nível subcortical pelos núcleos cinzentos da base (corpo estriado).

Por volta dos dois meses, os movimentos aquáticos são substituídos por reações desordenadas. A partir deste período até que sai do estágio de três ou quatro anos, acontece uma aquisição de uma motricidade global organizada temporariamente. O caráter rítmico do movimento espontâneo lhe confere harmonia e coordenação. Em bebês e crianças pequenas, seus braços e mãos ainda pequenos não lhes permitem mover grandes quantidades de água; portanto, eles devem recorrer a movimentos praticamente globais (flexo-extensão das pernas, quadris e tronco, tipo "sapo") ou que envolva as pernas para se locomover (movimentos circulares, tipo "bicicleta"). De fato, antes dos três anos de idade, a única maneira de a criança se mover no ambiente aquático sem material de flutuação, é debaixo d'água, pela propulsão da parte inferior do corpo e pelo equilíbrio dos braços. Aos três anos, se movem pela água principalmente com um padrão no qual predomina o movimento das pernas, enquanto os de cinco anos mais velhos e com mais experiência usam padrões de braço. Por volta dos três anos de idade e sem experiência anterior, as crianças são incapazes de se mover sozinhas, apesar de pedalar. Após um semestre de prática, conseguem se mover cerca de 2 m. E depois do segundo semestre melhoram ligeiramente. No que diz respeito à posição supina (decúbito dorsal), são incapazes de adotá-la no início, mostrando-se muito tensos e levantando a cabeça, mesmo que um adulto os ajude. Após um semestre de prática, conseguem relaxar, mas precisam da ajuda do adulto e, após dois semestres, conseguem se mover 2 m com a ajuda de um cinto, batendo os pés e agitando os braços.

Por volta dos quatro anos de idade e com experiência anterior, as crianças conseguem percorrer sozinhas uma distância de aproximadamente 2 m. Após mais seis meses de prática, conseguem afundar o rosto de forma intermitente e começam a usar a ação de batimento. Depois de mais seis meses, usam um crawl rudimentar para percorrer pelo menos 3 m. A ação das pernas é eficiente, mas a ação dos braços é rudimentar e sua técnica de respiração não é muito refinada (tiram a cabeça para respirar). No entanto, o deslocamento supino não é alcançado de forma independente até depois de dois anos de instrução, esta posição requer o mergulho de cabeça.

A ação de propulsão dos braços, a princípio, não ocorre. Os braços não são usados ativamente, mas ficam pendurados nas laterais do corpo ou estendidos para frente. Mais tarde, há um pequeno impulso descendente. Então é preciso um longo puxão como um remo para passar, aos poucos, impulsionando para trás de maneira acelerada, desenhando um "S" com o cotovelo alto. Quanto à ação de propulsão das pernas, observa-se uma evolução do padrão de ação do nado desde o "pedalar ou andar de bicicleta" aos dois anos, até a ação de "bater ou chutar" usada praticamente após os seis anos. Começa com uma ação para impulsionar tipo bicicleta. Há uma flexo-extensão dos quadris e joelhos, com flexão do tornozelo e sola do pé contra a água. Depois uma batida rudimentar. Flexo-extensão alternativa dos joelhos, com os dedos voltados um para o outro e a flexão do quadril. Até uma batida com as pernas retas. Flexo-extensão alternativa das pernas com menos de 30º de flexão do joelho.

Competência no salto

As crianças que já estão na posição vertical demonstram desejo de se projetar no espaço, por exemplo, quando descem as escadas ajudadas por um adulto e atingem o último degrau, pulam no chão. Sem dúvida, isto mostra confiança e coragem para realizá-lo, mas também pode mostrar uma avaliação baixa das consequências do salto, que às vezes causa um golpe com o consequente choro. Por volta dos dois anos e meio, quando quer passar de uma posição alta para uma posição baixa, dá um pulo rudimentar, largando um pé atrás do outro e permanecendo muito pouco tempo no ar. Nesta etapa, pode pular até uma altura de 30 cm do outro.

Quando está localizado na borda, pronto para pular, abaixa o centro de gravidade até ficar de cócoras ou até sentar antes de fazê-lo. Também leva as duas mãos à frente em busca de um suporte ou referência para o salto, e mesmo quando se impulsiona pode realizar um quarto de giro no seu eixo longitudinal,

Tem que praticar o fundamental.

Praticar as habilidades aquáticas fundamentais.

ficando paralelo à borda e levando a mão à mesma. Isto pode ser devido a três situações específicas. A primeira é pela passagem abrupta do ambiente terrestre para o ambiente aquático; em segundo lugar, e conectando-se ao anterior, seria a introdução violenta da cabeça na água, causando situações desagradáveis (penetração nas narinas, impacto nos olhos, etc.) e a terceira é de natureza espaço-temporal perceptiva, observando-se dois casos diferentes: a) a criança não conhece a distância real da água, pois quando olha para baixo não vê a superfície, mas o fundo, com o qual a sensação de altura é maior; b) não calcula a diferença entre a superfície da água e o fundo da piscina.

Seis meses mais tarde, aparece o salto com impulso de ambos os pés e com recepção de ambas as pernas. Aprende a pular com os dois pés juntos antes de fazê-lo com apenas um. Mais tarde, quando adquirir força, coordenação e equilíbrio suficientes, aprenderá a se impulsionar com uma perna, mas a recepção será feita com ambas e, finalmente, se impulsionará com uma perna e cairá sobre ela. Aos três anos e meio, já podem realizar até 3/4 de saltos consecutivos com a perna preferida. Após aproximadamente quatro anos, há um pequeno aumento progressivo da flexão preliminar, uma elevação mais efetiva dos braços, uma melhor extensão ao retirar os pés do solo e durante a suspensão do corpo no ar, e uma maior extensão do tronco no momento de alcançar o objeto (aproximadamente onze anos). Aos cinco anos, têm capacidade suficiente para realizar mais de 10 saltos, o que lhes permitirá participar de certos jogos.

Competência no equilíbrio e o desenvolvimento da flutuação na água

Até os vinte e quatro meses, as pernas impulsionam e os braços equilibram, revertendo progressivamente este fenômeno aos cinco ou seis anos. A evolução da posição do corpo e a mudança de posição começam na vertical e vão para a posição horizontal depois de passar pelo inclinado. As primeiras flutuações são feitas com ajuda desde os primeiros meses. A criança realiza manobras com o corpo na água com a ajuda do adulto para flutuar. Depois, conta com um material de flutuação e com a ajuda mínima do adulto, até conseguir manter a flutuação usando a água como único suporte.

Competência para a respiração e imersão na água

A sequência do padrão respiratório muda desde o controle reflexo da glote para uma respiração voluntária e rítmica durante a natação. O controle da respiração, como os movimentos primitivos das pernas e braços, é basicamente uma ação reflexa ou automática para a grande maioria dos bebês, portanto, não há requisitos de habilidade ou idade para avaliação (Moreno, 2001).

A primeira coisa que surge espontaneamente no ambiente aquático é o bloqueio respiratório (Pérez e Moreno, 2007). Existem três reações típicas ao realizar a imersão total de bebês e que também ocorrem ao longo do tempo (Vallet, 1974):

Flutuar e deixar se mover pela água.

Controlar a respiração .

- No quinto mês, a adoção de uma posição fetal predomina, quando o bebê é introduzido pela primeira vez na água.
- Posteriormente, há um relaxamento muscular que permite uma extensão progressiva e os primeiros movimentos aparecem no nível das articulações de ombros, quadris e joelhos.

Langendorfer e Bruya (1995), explicam a sequência no controle da respiração e imersão com os seguintes níveis:

1. A respiração como ato reflexo. A criança prende a respiração quando o rosto entra na água.
2. Tomar e expulsar a água com a boca. A criança voluntariamente toma água com a boca e pode expulsá-la.
3. Imersão voluntária do rosto. A criança permite que parte da face seja molhada, espirrando ou submergindo parte dela, mantendo a respiração brevemente (1-4 segundos).
4. Repete a respiração. A criança pode repetir a imersão e manter a respiração enquanto estiver na água.
5. Prolonga a manutenção da respiração e/ou a frequência respiratória com o nado. A criança combina a respiração com o nado, mantendo o ritmo durante 5 ou mais respirações.

Competência ao girar na água

De acordo com o princípio céfalo-caudal e próximo-distal, o ser humano pode se mover em águas rasas por meio do giro, do arrastar e do engatinhar. A evolução destes tende a ser: os primeiros giros ocorrem no eixo longitudinal, depois no eixo anteroposterior, para finalmente alcançar o eixo transversal, as cambalhotas são um exemplo do grau de dificuldade que os giros podem alcançar. Sua habilidade mais específica seriam os giros dos diferentes estilos natatórios ou os giros específicos de outros esportes aquáticos (saltos, nado sincronizado, etc.).

Competência na manipulação e manuseio de objetos

A preensão evolui seguindo os dois eixos da mão, da zona hipotenar à área do polegar. Assim, entre as vinte e as vinte e oito semanas, a aproximação do objeto e o pegar se realiza de forma lateral, com apoio da mão no lado da ulna. Sendo aproximadamente entre o oitavo e o décimo segundo mês, quando a criança é capaz de pegar com o movimento de pinça, ou seja, a oposição do polegar com o indicador.

Mover-se em todas as direções.

Competência nos arremessos

A competência para projetar objetos no espaço se manifesta desde tenra idade (Cratty, 1982; Wickstrom, 1990) e evolui da seguinte forma:

- Aos seis meses, sentada, a criança pode atirar um objeto sem uma certa direção, o que permite oferecer vários objetos para manipular e projetar na água.

- Aos doze meses, pode orientá-lo sem precisão, usando apenas a força dos braços, mantendo o equilíbrio na água. A ação evolui de um movimento rígido de flexo-extensão do cotovelo por volta de seis meses, até incorporar um maior dinamismo na ação, mantendo-se estável na água.

- A distância e a direção melhoram durante o segundo ano; os jogos de arremesso podem ser muito adequados nessas idades para favorecer a adaptabilidade à água durante a fase de habilidades básicas.

- Aos seis anos, eles mostram maior precisão na direção, distância ou intensidade dos arremessos.

Competência na captura de objetos

É comum observar como as crianças pequenas mostram dificuldades em pegar objetos que podem ser jogados contra elas; portanto, o ambiente aquático é ideal para jogar objetos e pegá-los, enquanto os observa deslizar sobre a água até atingir seu espaço de ação manual. A captura assume a relação entre o espaço visual e o espaço de ação manual, tudo isso mantendo uma posição estável que permita que a interceptação e a captura ocorram, daí que, qualidades perceptivas, como a antecipação, são fundamentais. As crianças aprendem a antecipar e coincidir com os objetos quando praticam e aprendem sobre as trajetórias e velocidades destes.

Se tomarmos como referência o que os especialistas em desenvolvimento motor nos indicam, a melhora na captura de objetos pelas crianças mostra uma melhora progressiva na adaptabilidade e precisão. Neste processo, pode-se distinguir que:

- Antes dos dois anos de idade, a criança tem a capacidade de capturar objetos estáticos, mas um objeto em movimento requer uma compreensão específica da relação entre espaço e tempo, portanto, enviar objetos para a criança através da água a distâncias próximas permite que veja sua trajetória e tenha tempo suficiente para executar a ação que lhe permita pará-los e pegá-los.

- Se as crianças menores de três anos mostrarem rigidez ao mover os braços para direcioná-los para frente, gradualmente ajustarão os movimentos dos braços às características da abordagem do objeto e assim

Explorar e descobrir o mundo dos objetos que flutuam.

Projetos coletivos na água.

pode-se jogar objetos na água para que caiam em seus braços ou na água perto da sua posição para que possam agarrá-los.

- Com experiência e desenvolvimento, se acomodará cada vez mais a uma tarefa perceptual-motora, como é a captura. Em seus jogos aquáticos, aparecerão muitas ocasiões para poder jogar e pegar objetos, tornando-se um verdadeiro treinamento motor-perceptivo.
- É a partir dos seis anos de idade, quando a criança pode demonstrar competência na captura, usando as múltiplas tarefas e atividades aquáticas que o professor pode propor.

O crescimento como catalisador da competência aquática

O crescimento dos primeiros anos não é apenas rápido, mas, por sua vez, as proporções corporais são substancialmente modificadas. Durante o primeiro ano, a altura aumenta quase o dobro e a maioria dos bebês triplicam o peso que tinha ao nascer. Durante o segundo ano, aumentam apenas um quarto do peso que tinham no primeiro ano, enquanto sua altura aumenta apenas um quinto. Durante o terceiro ano, os aumentos de altura e peso também são menores em comparação aos anos anteriores. Todas as realizações da criança dependem, direta ou indiretamente, da evolução do tônus muscular, uma vez que o tônus é a contração muscular subjacente sobre a qual repousa toda a atividade física da criança e a manutenção de atitudes. A natureza expressiva da tonicidade (hipotônica ou hipertônica) é destacada nas próprias emoções, cuja gênese é de tipo postural. Seria necessário distinguir entre o tônus do eixo corporal envolvido na manutenção da postura e o tônus dos membros que permite o desenvolvimento de atividades motoras. No nascimento, o tônus axial é muito mais desenvolvido que o tônus dos membros, no qual ocorre hipertonia dos flexores nos extensores, produzindo a atitude característica da criança em repouso com todos os membros flexionados.

Uma das partes do corpo que mais cresce é a cabeça e o que ela abriga (aos 5 anos o cérebro atinge 90% em peso). Comparando o recém-nascido com o adulto, há uma progressão aritmética do desenvolvimento das proporções corporais: a cabeça aumenta duas vezes o tamanho, o tronco aumenta três vezes, as extremidades superiores aumentam quatro vezes e as extremidades inferiores aumentam cinco vezes. Em relação à altura, não há diferenças gerais entre meninos e meninas até 8 a 10 anos, sendo o impulso púbere (mais cedo nas meninas: 10/14 anos) que acelera os resultados motores e determina consideravelmente o estado final do tamanho; embora seja verdade que existem jovens que continuam após a puberdade, mas em um ritmo mais lento. Pelo contrário, o peso tem um aumento considerável no momento da puberdade.

Nesta fase, há uma evolução morfológica acentuada no período anterior, de modo que a criança vá sendo estilizada progressivamente (Fig. 2.4, 2.5 e 2.6).

Fig. 2.4. A proporcionalidade corporal

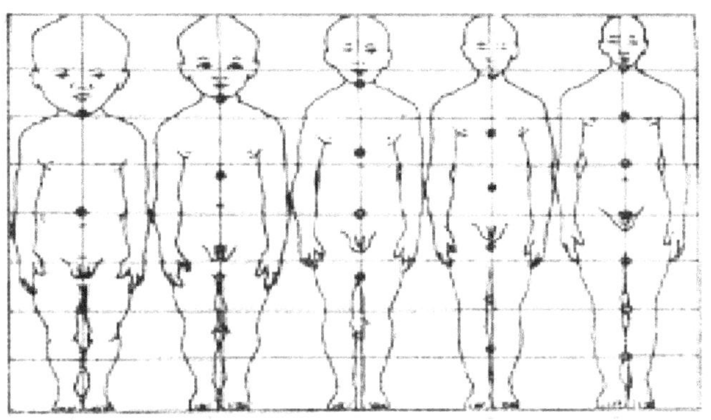

A forma do corpo da criança se assemelha ao adulto final. A cabeça parece menor e ajustada à estática da figura corporal. Os ombros se tornam mais largos em comparação com a pelve, o relevo muscular é acentuado principalmente na região glútea, os membros se tornam mais longos e mais fortes, levando tudo à formação da curvatura natural da coluna, bem como uma modificação da postura do corpo que, na primeira infância, é caracterizada por uma ligeira inclinação dos ombros para frente. O aumento no tamanho continua a diminuir, agora a criança cresce de 5 a 6 cm por ano. Aos 6 anos o menino pesa 19,9 kg e mede 114,4 cm, a menina 19 kg e 113 cm.

Aos 7 anos, os meninos pesam em média 21,8 kg e medem 120 cm e as meninas 21,4 kg e 119 cm respectivamente. Aos 8 anos, os meninos medem entre 125 e 127 cm e as meninas entre 124 e 126 cm, em média. O peso aumenta de 3 para 3,5 kg por ano, sendo o peso aos 8 anos em meninos entre 25 e 27 kg e em meninas entre 24 e 26 kg em média. A altura e o peso seguem sua curva ascendente normal aos 9 anos: 129,8 cm e 26,8 kg para meninos e 128,8 cm e 26,5 kg para meninas, enquanto o peso e o tamanho de um menino de 10 anos ainda são semelhantes aos de uma menina da idade dele: 29,4 kg e 134,5 cm, os meninos, e 29,2 kg e 133,8 cm, as meninas.

Aos 9 anos, a menina terá um crescimento acentuado, enquanto o menino ainda leva alguns anos para fazer este processo. De 10 a 12 anos, ocorrerão alterações no nível dos diferentes tecidos e sistemas do corpo, causadas pela ação hormonal, levando a uma maior eficiência física. A partir destes anos aumenta a massa muscular que se manifesta mais em meninos até os dezessete anos, assumindo 54% do seu peso corporal. A massa muscular aumenta em meninas até os 13 anos, sendo 45% do total do peso corporal. No nível de tecido adiposo, o chamado surto pré-adolescente de tecido adiposo subcutâneo pode ocorrer principalmente em meninos.

Fig. 2.5. Velocidade de crescimento de altura e peso em crianças de 0 a 18 anos

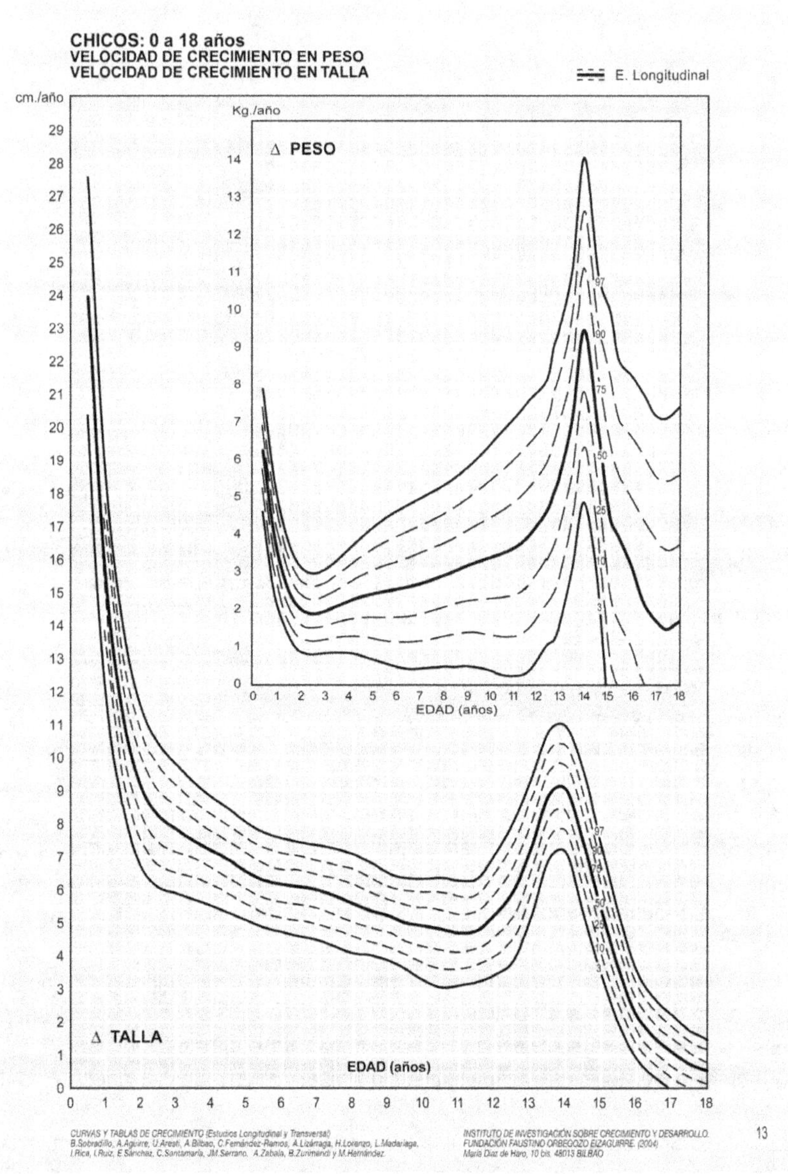

Fonte: Fundación Orbegozo, 2004 (https://www.fundacionorbegozo.com/product-detail/vel-crecimiento-talla-y-peso-0-18-anos-2/)

Fig. 2.6. Taxa de crescimento de altura e peso em meninas de 0 a 18 anos

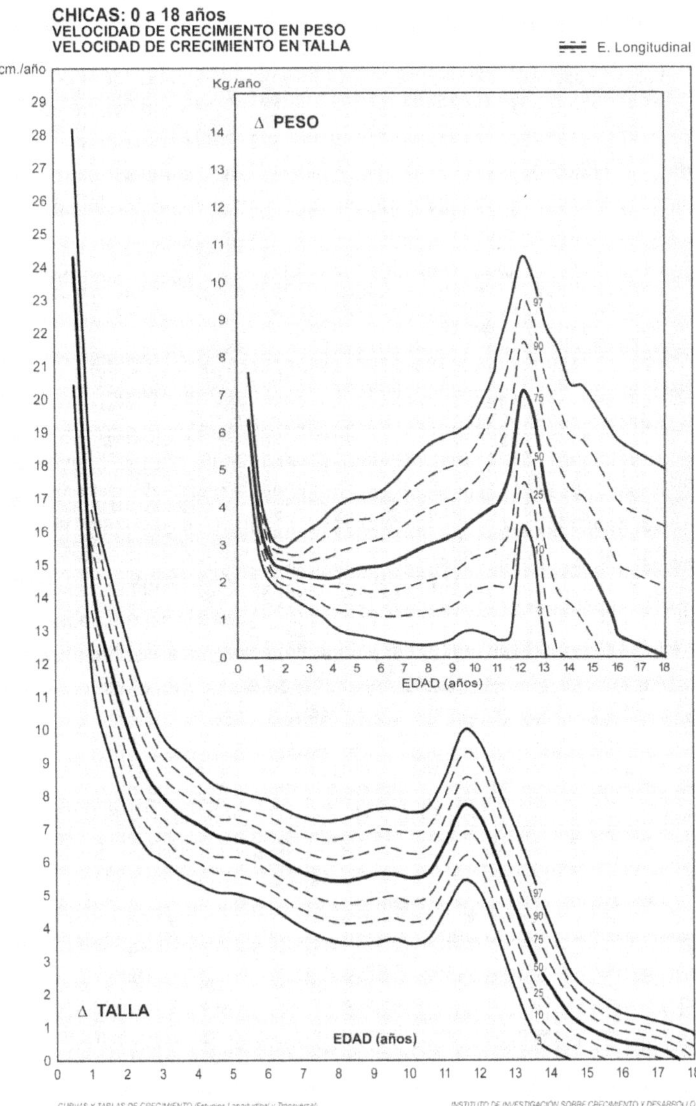

Fonte: Fundación Orbegozo, 2004 (https://www.fundacionorbegozo.com/product-detail/vel-crecimiento-talla-y-peso-0-18-anos/)

Competência aquática e conhecimento sobre as ações

Memória e atenção ainda são muito instáveis. O pensamento é fantasioso e simbólico, misturando sonhos com realidade, vinculando caprichosamente dados e simbolizando-os sem uma regra definida. Manifesta-se das seguintes formas, segundo Piaget (1959): animismo (crença de que os objetos ao redor da criança são animados e dotados de intenção, por exemplo, tropeça em uma pedra e diz que é "má"), realismo (crença de que tudo o que sente, sonhos, imagens, histórias, etc., tem uma realidade objetiva, confunde realidade física com realidade psicológica, acredita na existência do Super-homem ou Papai Noel), artificialismo (crença de que os fenômenos físicos são um produto da criação de seres humanos, por exemplo, a fumaça do cigarro produz nuvens). Seus conceitos, chamados de "preconceitos" por Piaget (1959), flutuam entre a generalidade e a singularidade, contaminando-se com imagens.

A partir dos 6 anos de idade, aparece uma mudança acentuada, fundamentalmente com o que Piaget (1959) chama de "operações concretas". O ajuste ao real marca o atributo fundamental dessa área. A criança usará os processos e elementos da cognição adulta (operativa), mas ainda sem um grau total de eficácia, incapaz de explorar os processos formais. O desenvolvimento de sua capacidade analítica de superar o globalismo pré-escolar começará, o que envolve separar os fatos (incluindo seu próprio comportamento) ou as categorias do "real" em seus principais elos e contextualizá-los em um sentido completo, tudo para entendê-los melhor, relacioná-los com outros fatos ou agir de maneira mais adequada.

A evolução da lateralidade neste período sugere que as preferências por uma mão, um olho ou um pé são manifestações extremamente complexas. Essas preferências se manifestam em idades relativamente precoces e geralmente aparecem e desaparecem ciclicamente durante os primeiros anos de vida. Entre 3 e 5 anos, as crianças poderão reproduzir sequências ordenadas simples, começando a internalizar as noções de antes e depois, do início e o fim de uma tarefa, bem como o momento certo. De 6 a 9 anos, a identidade e simultaneidade de duração será entendida juntamente com a relação inversa duração/velocidade. A percepção é ajustada aos parâmetros do espaço-tempo e aos conceitos operacionais básicos que a sustentam. Com isso, dedica tempo e se adapta às suas consequências práticas, conecta vários comportamentos (por exemplo, se adapta à trajetória da bola) e a quantidade conceitual (operação do relógio, do calendário). No que diz respeito ao espaço, sabe organizar objetos e diferenciar distâncias, áreas e volumes. Da mesma forma, enfrenta a interação espaço-tempo usando e compreendendo a ideia de velocidade, aceleração, etc.

No ambiente aquático, a relação espaço-temporal ocorre com a capacidade de orientação subaquática, que é a capacidade da criança, quando submersa, de discernir diferentes estímulos e adaptar seu comportamento a esses estímulos para atingir seu objetivo. O bebê, desde o início, abre os olhos debaixo d'água, portanto, desde o início, enxerga debaixo d'água.

Deslocamentos de múltiplas formas.

Compartilhando o prazer com os adultos.

Mas, embora veja, não é capaz de entender. A orientação subaquática está associada à respiração e as rotações/deslocamentos. Mas, acima de tudo, está necessariamente associada à capacidade da pausa respiratória; se não tiver sido adquirida, será difícil que essa situação ocorra. A progressão da orientação subaquática é a da orientação global para sair à superfície, orientação fina para sair à superfície (que difere da anterior em que nesta fase o bebê é capaz de confiar no adulto ou no material para sair até a superfície), orientação predefinida (é capaz de pegar um objeto embaixo d'água com contato mínimo do adulto), orientação ajustável (igual à situação anterior, mas o bebê pode corrigir suas ações na busca pelo objeto) e um pequeno percurso subaquático.

Aos 3 anos, a criança já viveu a experiência do espaço (percepção dos elementos do espaço e estruturação deste). A exploração do espaço começa depois que a criança fixa um objeto e tenta pegá-lo. O acesso à verticalidade, com a aquisição do estágio sentado, permite que tenha uma visão global de espaço limitado ou ilimitado, no qual descobre certos objetos. O deslocamento dentro do ambiente aquático permite que vá para os locais que deseja e que descobriu visualmente. A percepção dos elementos do espaço, que leva ao conhecimento de uma determinada geometria topológica, é anterior à percepção do seu "próprio corpo" e precisa do mecanismo da função de internalização. Desde a infância, a criança terá que se adaptar às mudanças na percepção do espaço. Uma vez desenvolvida esta fase, a construção do espaço (orientação espacial e localização de um objeto no espaço) durante os 6-8 anos ocorre através de uma constituição correlativa dos esquemas corporal e espacial, o espaço de ação é ampliado e adquire maior complexidade. Existem diferentes estágios: lateralização (4-5 anos) e orientação do próprio corpo (adquirida aos 6-7 anos; é um estágio caracterizado pela estabilização das noções de direita-esquerda, frente trás, encima-embaixo, reconhecimento das posições do objeto em relação a si mesmo, conhecimento das posições nos outros, que acontece aos 8 anos de idade). A criança descobrirá a conservação da substância aos 7-8 anos, o peso aos 9-10 anos e o volume aos 11-12 anos. Cerca dos 8 anos uma classificação operacional racional será alcançada. A noção de velocidade não começa em sua forma métrica, que só é alcançada dos 10 aos 11 anos, mas de maneira ordinal (um objeto móbil é mais rápido que outro se o ultrapassa, ou seja, se estava atrás dele em um primeiro momento e, em seguida, passa a estar à frente em um momento posterior).

Entre as idades de 5 e 6 anos, muitas habilidades cognitivas, motoras, perceptivas e de linguagem infantil amadurecem e interagem de tal maneira que alguns tipos de aprendizado são mais fáceis e eficientes. Segundo a teoria de Piaget (1970), entre o quinto e o sétimo ano é marcada a transição do pensamento pré-operacional para o de operações concretas, onde o pensamento se torna menos intuitivo e egocêntrico, mais lógico. Esta transição de pensamento não ocorre da noite para o dia. É um processo evolutivo que requer anos de experiência na manipulação e aprendizado de objetos e materiais ambiente. Antes dos 7 anos de idade, a criança concebe o mundo de maneira simplista e unidimensional. Sua capacidade de estabelecer relações entre as coisas que o cercam também é limitada. No final do estágio pré-operacional de Piaget, usando sua própria terminologia, as qualidades rígidas, estáticas e irreversíveis do pensamento infantil começam a se dissolver.

Dos 6 aos 8 anos, a criança está no estágio do pensamento mágico/simbólico (pensamento intuitivo e explicação dos fenômenos por analogias). A criança deste período de desenvolvimento já é capaz de descentralizar, não sendo limitado apenas pelo seu ponto de vista; portanto, pode coordenar diferentes pontos de vista e extrair consequências. É capaz de se libertar de suas percepções, a fim de distinguir através da mudança o que é invariável.

O pensamento infantil começa a ser reversível, flexível e muito mais complexo. As crianças começam a reparar um aspecto do objeto e depois outro, podendo usar a lógica para reconciliar as diferenças entre eles. Podem avaliar as relações de causa e efeito, especialmente se tiverem o objeto específico à vista e as mudanças ocorrerem. Esta capacidade incipiente de superar mentalmente a situação concreta estabelece as bases do raciocínio sistemático na fase das operações concretas e depois na das operações formais. A criança que está no estágio de operações concretas sabe que as diferenças entre objetos semelhantes são quantificáveis ou mensuráveis.

Diferentemente das crianças que estão na fase pré-operacional, as das operações concretas formulam teorias sobre o mundo; refletem sobre o que vai acontecer e o antecipam, fazem conjecturas sobre as coisas e depois tentam descobrir se foram bem-sucedidos. A capacidade de formular teorias é limitada a objetos concretos e relações sociais que a criança pode ver e testar. Não faz hipóteses sobre conceitos concretos, pensamentos ou relações abstratas até atingir operações formais, o que começa por volta de 11 ou 12 anos. Nestas idades, domina o desejo de passar todo o conhecimento pela verificação, especialmente para as idades posteriores. A capacidade analítica começa a se desenvolver, podendo discutir e fornecer argumentos para defender uma ideia, adotando uma atitude crítica. É um tempo caracterizado por maior realismo, diminuindo e/ou estabilizando a capacidade de imaginação, observando um maior desenvolvimento da curiosidade e do espírito aventureiro.

As emoções na competência aquática

Se algo caracteriza o ser humano desde o nascimento é que é um ser emocional. Reage ao seu ambiente com a linguagem das emoções, dos afetos, e estes se tornam um alimento necessário para o seu desenvolvimento. Desde o pré-natal, o ser humano se desenvolve em um ambiente líquido no qual evolui e reage emocionalmente aos estímulos que é progressivamente capaz de receber. Estas respostas são uma expressão de suas possibilidades de adaptação.

Desde o nascimento até o segundo ano de vida, a criança está em um estágio impulsivo e emocional ou oral. Respostas afetivas a estímulos derivados de necessidades primárias (primeiros meses) aparecem, como Wallon bem descreveu, chamando esse estágio de Impulsivo. Posteriormente, este mesmo autor chama a próxima etapa de emocional, na qual mãe e pai desempenham um papel importante, como observado nas práticas aquáticas. No terceiro mês, suas emoções são diferenciadas (aceitação de afeto, sentimento de causa ou fracasso de suas ações). No período de 1 a 3 anos, o estágio sensitivo motriz aparece, para posteriormente, de 3 a 6 anos o chamado estágio do personalismo. É um estágio em que a criança se identifica com seu "eu" (identificação com seu gênero). Encontramos três períodos nesta etapa: "de oposição e inibição" (3 anos), "da graça" (4 anos) e "de imitação" (4-5 anos). Este desenvolvimento chamado complexo de Edipo.

Do ponto de vista social, no estágio infantil, a criança é essencialmente um ser que está aprendendo a se relacionar com os outros. Seu egocentrismo o impede de entender o grupo como uma unidade superior a ele, o que dificulta a verdadeira integração do grupo. Seu relacionamento com os outros é de individualidades em paralelo. Não cooperam, e é por isso que no jogo todos jogam por si mesmos, nunca por um time. As regras não são geralmente respeitadas e todos querem vencer. Apesar de tudo, neste período, começa a respeitar as normas e regras de funcionamento do grupo, embora, em geral, não estejam estritamente sujeitos a elas (não há uma clara consciência do dever). Há também uma melhora nos comportamentos de autonomia (higiene pessoal ou alimentação), como resultado do aprendizado recebido e da pressão do grupo de pares em que estão inseridos.

A criança, nesta fase, desenvolve progressivamente uma maior diferenciação de suas emoções, embora ainda falte uma certa consciência e racionalização delas. É motivada por atividade e exercício, mas não existe um sistema de motivação organizado. O avanço vem aos 6 anos de idade, na direção já empreendida de estabilidade, controle e qualificação, alcançando um grande salto em todos os aspectos.

O estágio de latência, em torno dos 5 aos 8 anos, é o período em que o aparato psíquico é organizado e a constituição do "eu" ocorre, com uma adaptação desse "eu" à realidade. Por sua vez, começa a construção progressiva do pensamento social, lógico e moral, dando origem à moralidade autônoma. Na fase pré-púbere (9-11/12 anos), há uma reativação das tendências infantis rejeitadas: identificação sexual e equilíbrio emocional, maior autonomia e autodeterminação (moralidade heterônoma e surgimento da gangue). A criança torna-se progressivamente membro do grupo social, graças a diferentes elementos que interferem em sua educação. Dos 6 aos 12 anos, acontecem grandes mudanças: começa a ver as coisas do ponto de vista de uma terceira pessoa, pode distinguir várias perspectivas e usá-las sequencialmente e depois simultaneamente.

Pode considerar a situação de uma pessoa, até colocar-se no lugar de grandes grupos (bem comum). São capazes de inferir mesmo em situações desconhecidas. Os relacionamentos que estabelecem têm um motivo profundo (ami-

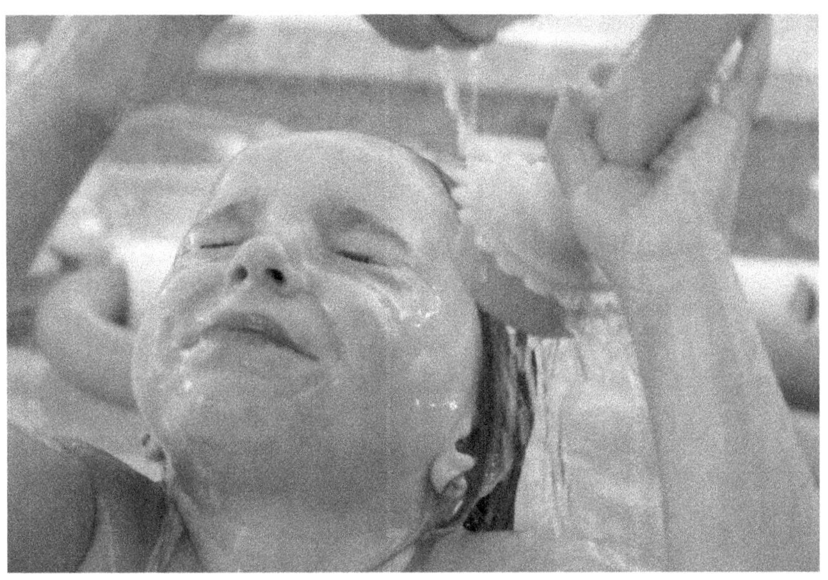

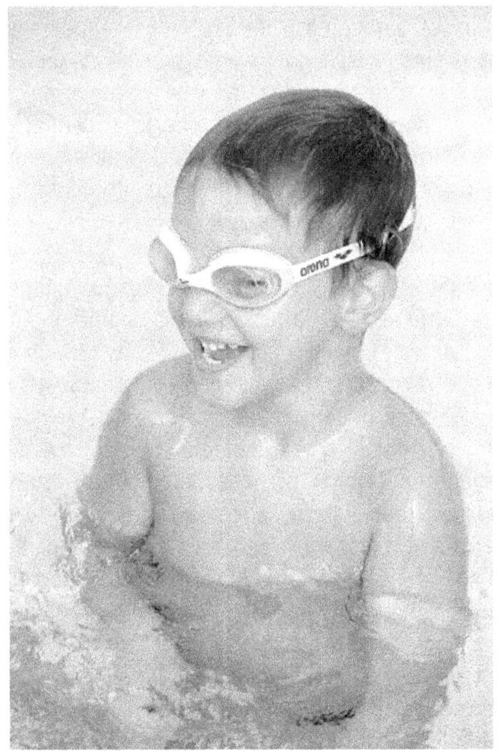

O que não é capaz?

zade) e entendem que os relacionamentos humanos exigem acordo mútuo, entre outros.

Aos 6 anos, a criança se esforça para manter o equilíbrio emocional com a família, a escola e seus colegas de classe. Portanto, modifica os comportamentos de criança (choro, súplicas etc.). Sua maior capacidade intelectual e discriminação perceptiva modificam sua suscetibilidade emocional. Estímulos temerosos, como a ausência materna, ou a negação de um capricho, deixam de existir; enquanto outros estímulos emocionais surgem, como medo de animais, do ridículo, etc. A criança adquire maior pudor na expressão emocional, maior controle. Inibe a expressão da cólera, a internaliza e a expressa através de canais indiretos. A criança aprende a adiar uma satisfação, mas isso a faz sentir uma nova emoção: a ansiedade, com a qual pode antecipar eventos futuros e a incerteza que eles geram. A princípio, há uma reação de oposição ao ambiente escolar, mas, sucessivamente, descobre o baixo valor de algumas de suas reações familiares e as substitui por outras mais eficazes (cooperação, relacionamento emocional com o professor, etc.).

Esta idade é sensível aos humores, emoções e tensões de seus pais, apesar destes acreditarem que ocultaram seus sentimentos diante da criança; qualquer mudança de expressão facial também é rapidamente descoberta e reage mal levantando a voz. Apesar de todo esse comportamento furiosamente imperioso, a criança de seis anos ainda anseia por carinho, precisando ter a segurança verbal do carinho da mãe e ser o pai quem desempenha um papel importante na vida da criança. Além disso, os avós, quando moram perto, podem ser uma importante contribuição para a vida familiar. Pelo contrário, não trata bem seu irmão mais novo insistindo em ser o primeiro em tudo, enquanto com o irmão mais velho mantém relações relativamente boas.

As experiências das crianças na água são muito variadas, e suas respostas muito particulares, podendo ser afetadas pelo espaço aquático em que estão localizadas e pela profundidade da água (Rocha, Marinho, Garrido, Morgado e Costa, 2018). Para estes autores, a profundidade do espaço aquático em que as crianças se encontram é uma restrição que pode afetar sua autonomia e sua percepção de competência, podendo se tornar um elemento que inibe a iniciativa das crianças, sua criatividade e sua competência para resolver os problemas que lhes são propostos. Portanto, os espaços aquáticos devem ser considerados como favoráveis para que a função recreativa não seja afetada por reações emocionais negativas. Por isso, nas idades da fase de habilidades básicas, os ambientes aquáticos rasos são os mais favoráveis para o desenvolvimento da competência motora aquática.

A criança de 6 anos geralmente quer brincar com outras crianças, embora não se dê muito bem com seus amigos no jogo, pois estão continuamente se preocupando muito se esses amigos trapaceiam ou fazem coisas erradas. Uma proporção considerável não tem dificuldade em brincar com crianças da mesma idade ou com crianças um pouco mais velhas. Grupos de dois é a regra geral,

Todos estão incluídos na piscina.

Variedade de tarefas e motivação para realizá-las.

embora alguns grupos mais numerosos, sempre pequenos, sejam formados. A composição destes grupos é muito variável e a atividade coletiva pode ser desenvolvida de forma desorganizada, de modo que qualquer um dos componentes do grupo possa abandoná-lo sem atrapalhar o desenvolvimento do jogo.

Aos 6 anos, e mais ainda aos seis anos e meio, o comportamento da criança começa a perder sua rigidez, torna-se mais suscetível a mudanças de direção, motivadas internamente e estimuladas externamente. Muitas das dificuldades da criança de cinco anos e meio decorrem de sua incapacidade de mudar ou modular o comportamento. Dos seis e meio aos sete anos de idade, a vida da criança assume um tom mais sério e ponderado. A criança é mais inibida, mais controlada e mais consciente dos outros e de seu relacionamento com eles. Começa a adquirir a capacidade de se colocar no lugar da outra pessoa ou, mais precisamente, de incorporar à experiência de outra pessoa em si mesmo. As principais dificuldades interpessoais surgem nessa idade com irmãos e com outras crianças.

Aos 7 anos de idade, as crianças estabelecem metas muito altas, buscando ser perfeitas. Não aceitam as correções de bom humor e tentam esconder seus erros, embora levem suas responsabilidades a sério. É um período em que começam a refletir, a ser considerados e ansiosos para agradar aos outros, porque querem encontrar seu lugar no grupo familiar. Nesta idade, começam a ser um verdadeiro membro da família, prontos para aceitar algumas das responsabilidades domésticas. Trabalham melhor se um adulto ajuda; no geral, não apenas o relacionamento da criança com a mãe é bom, mas também estabelece um relacionamento muito bom com o pai. As meninas são mais sensíveis a qualquer repreensão do pai e podem ter ciúmes de qualquer atenção que ele dá à mãe. As crianças ainda amam e admiram muito os avós. Neste estágio, querem fazer parte do grupo familiar, principalmente se houver outra criança nesse grupo. Em geral, são muito carinhosas com um irmão mais novo, especialmente se for um bebê, com quem assumem o papel de irmão mais velho. Admiram o irmão mais velho e são frequentemente sujeitas a sua influência, o que nem sempre é vantajoso. As diferenças de gênero não estão claramente definidas, mas alguma discriminação contra o gênero oposto começa a aparecer.

Aos 8 anos, a criança é menos sensível, menos focada em si mesma, menos propensa a se afastar de situações e está disposta a enfrentar qualquer coisa, coisas difíceis a atraem. Mostra impaciência transbordante, especialmente consigo mesmo, e quer que as coisas sejam feitas imediatamente. Novas experiências escolares o absorvem avidamente e ajudam a ampliar a imagem da crianças de oito anos de idade. A competição com outras crianças é espontânea e ajuda a manter a criança dedicada a uma tarefa. A mãe continua sendo a mais querida, embora o pai receba uma dose crescente de afeto. Os avós ainda são os principais favoritos, embora algumas crianças de oito anos possam ser um pouco menos afetuosas e mais críticas do que quando eram mais jovens. As relações com seus irmãos mais novos são relativamente boas, mas perdeu parte de sua atitude de irmão mais velho. Os melhores amigos começam a desempenhar um papel de liderança na vida da criança e, estando seus amigos nela, esta continua tendo importância. Geralmente, estes amigos são do mesmo sexo. É mais provável que amizades firmes ocorram entre duas crianças da mesma idade, embora um número bastante regular seja melhor com crianças mais velhas. Os oito anos marcam o início de uma mudança definitiva em relação ao gênero dos companheiros de brincadeira. Homens e mulheres começam a se separar, as meninas são as primeiras a se separar dos meninos e tornam-se conscientes dessa separação.

Aos 9 anos de idade, planeja cada uma de suas atividades e inclusive o dia inteiro. É perseverante e quer terminar o que projetou. Aparece a vergonha de alguns de seus atos passados em relação aos campos que ele agora domina melhor. Às vezes, se sente desconfortável diante das críticas, quando precisa se despir na presença de outra pessoa ou quando está em uma situação social com pessoas do sexo oposto. Continua sendo um amigo fiel e dedicado, a tal ponto que seus amigos sempre podem recorrer a ele em busca de proteção, perturbando-o vê-los diminuídos ou intimidados. Tem a tendência de admirar pessoas de seu próprio gênero, sejam da mesma idade ou, muitas vezes, alguns anos mais velhas que ele, coincidindo com o início do culto aos heróis. Em geral, não há problemas com respeito ao relacionamento com irmãos mais velhos ou mais novos. A atração entre meninos e meninas subsiste, mas o jogo conjunto não é abundante. Gostam do jogo coletivo dotado de uma certa medida de organização, chegando a durar até duas semanas os grupos que são constituídos nesta idade.

Durante o período de 10 a 12 anos, a vida emocional das crianças permanece estável. É um estágio de desenvolvimento em que o pensamento e a ação dominam mais que o sentimento, razão pela qual subestimam as crianças que expressam comportamentos emocionais entre si. Também é caracterizada por um sentimento vital de otimismo, uma consequência da consciência de sua força física e também da quase ausência de doenças, motivo pelo qual são alegres e corajosas. Mas o mais característico deste ciclo é o aumento do sentimento de si mesmo e, portanto, de sua própria identidade. Sua atitude crítica faz com que valorize sua própria pessoa de maneira mais objetiva, especialmente quando comparado a outros, embora essa comparação ainda não vá muito além dos aspectos externos.

É a idade de ouro das gangues, há um reforço nas relações de grupo, os líderes ou colegas ganham grande prestígio, perante a progressiva perda de prestígio de pais e professores. A partir dos onze anos, há um distanciamento entre os sexos como resultado dos estereótipos sociais predominantes. Há também uma perda contínua de espontaneidade.

Níveis de competência aquática (NCA)

Na busca pelo aprimoramento da competência aquática, o desenvolvimento das habilidades motoras aquáticas não pode ser separado das áreas socioafetivas, de comunicação e cognitiva. No entanto, no ambiente aquático, as habilidades motoras aquáticas vão assumindo um papel importante em sua construção. Um ajuste aproximado de como essa evolução pode ocorrer globalmente dos 6 meses aos 5 anos, idade em que consideramos, após a experiência aquática anterior, uma competência aquática básica pode ser alcançada; os níveis de competência são mostrados por idade (Fig. 2.7), que são baseados nos inventários mostrados na seção sobre medição da competência aquática. Às vezes, para verificar corretamente o nível de competência, será necessário recorrer à sua descrição. Devido à dificuldade de ser capaz de mostrar os níveis de competência aquática de maneira fechada, assume-se a possibilidade de variação e % de melhoria da competência aquática na criança, que pode ser dada dependendo de variáveis como desenvolvimento maturacional, ambiente, experiência, tarefa etc.

Existem 5 etapas na aquisição da competência aquática básica, estruturadas em quatro níveis. Se assume a variabilidade que pode ter, dependendo do desenvolvimento e da experiência maturacional, principalmente.

a. *Aproximação.* Nesta primeira fase (6 a 12 meses) da competência aquática básica, a criança dá os primeiros passos no ambiente aquático, acompanhada por sua mãe, pai ou ambos. É a fase em que bebês e crianças pequenas, através de experiências divertidas, podem construir sua confiança com os pais e o professor. Esta busca por conforto deve ser uma fase de preparação para a descoberta do ambiente aquático.

b. *Descoberta.* Nesta fase de 1-2 anos, os pais, juntamente com o educador, continuam a compartilhar com seus filhos a exploração das posições corporais e do equilíbrio, para parar progressivamente de acompanhar as crianças na água.

c. *Adaptação.* De 2 a 3 anos, as crianças alcançam a competência aquática básica de poder se mover confortavelmente debaixo d'água e na superfície, além de entrar e sair da água com facilidade.

d. *Independência.* Na fase de 3 a 4 anos, as crianças já são capazes de fazer deslocamentos mais longos, começando a ter alguma autonomia para se movimentar na parte mais profunda.

e. *Autonomia.* De 4 a 5 anos, as crianças são capazes de realizar ações mais complexas de orientação subaquática, o que lhes permite resolver problemas de maior dificuldade.

Estas propostas de níveis de competência são apresentadas sabendo que pode haver infinitas resoluções de competência aquática em cada criança, mas acreditamos que elas podem se tornar uma referência para um possível apoio.

Fig. 2.7. Evolução da competência aquática dos 6 meses aos 5 anos.

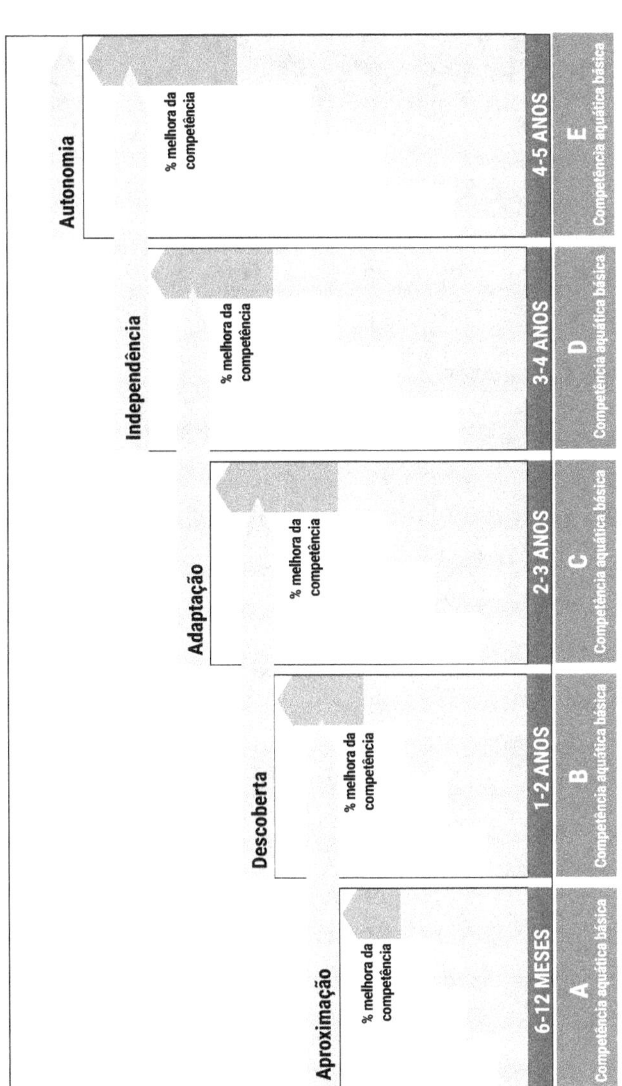

Competência aquática de 6 a 12 meses

Nível 1 de competência aquática a ser atingida aos 12 meses

Áreas	Itens	Descrição da ação
Sócio-emocional	Entrada na água	A criança entra chorando
	Responde girando-se, quando chamado pelo seu nome de qualquer ângulo da piscina	Não responde
	Joga o esconde-esconde	Não brinca, é indiferente ao sair da água
Comunicação	Associação de palavras com ações ou objetos	A criança não responde a nenhuma ação ou palavra
	Balbucia expressivamente	A criança não emite nenhum som
	Emissão de som (consoante-vogal)	A criança não emite nenhum som consonante-vocal
Cognitiva	Exploração do ambiente	A criança não explora o brinquedo
	Exploração de objetos	A criança explora o brinquedo de 0 a 8 segundos
	Levanta um copo para pegar um brinquedo	A criança não mostra interesse por conseguir o brinquedo
Motricidade	Deslocamento / propulsão	A criança mostra uma posição de paraquedas, na qual os braços e as pernas estão com extensão e tensão máximas, não relaxa perante o movimento
	Mergulho	A criança se recusa a entrar na piscina
	Controle da respiração	Não espirra e ao sentir a sensação de água no rosto, se assusta ou chora
	Manipulações	A criança não é capaz de pegar objetos
	Equilíbrio na flotação dorsal	A criança não aceita a posição, recusa-se a submergir a orelha na água, tenta se levantar flexionando o pescoço, a pelve e o tronco
	Equilíbrio na vertical	A criança é incapaz de ficar sozinha com o apoio da flutuador tubular (espaguete / macarrão)

Nível 2 de competência aquática a ser alcançada aos 12 meses

Áreas	Itens	Descrição da ação
Sócio-emocional	Entrada na água	A criança entra com um gesto assustado e, segurando o companheiro, observa a piscina, brinquedos e acompanhantes
	Responde girando-se, quando chamado pelo seu nome de qualquer ângulo da piscina	Atende uma vez quando o interlocutor está na frente
	Joga o esconde-esconde	Fica passivo, observa a saída, mas não interage nem participa do jogo
Comunicação	Associação de palavras com ações ou objetos	Só responde a uma ação
	Balbucia expressivamente	A criança balbucia às vezes
	Emissão de sons (consoante-vogal)	A criança emite o som consoante-vogal muito raramente ou emite-o apenas por imitação e às vezes
Cognitiva	Exploração do ambiente	A criança observa a piscina e o que acontece nela
	Exploração de objetos	A criança explora o brinquedo de 0 a 8 segundos
	Levanta um copo para conseguir o brinquedo	A criança olha para um copo e gesticula para que nós o levantemos
Motricidade	Deslocamento / propulsão	A criança fica em uma posição de "colo", deixa ser segurada pelos braços e seu corpo acompanha o movimento
	Mergulho	A criança entra na água com apoio nos braços ou antebraços
	Controle da respiração	Respinga água com cuidado e fica irritado ou chora com a sensação de água no rosto
	Manipulações	A criança pega um objeto com uma mão, pelo lado que é oferecido
	Equilíbrio na flotação dorsal	A criança mantém a posição sobre um ponto fixo
	Equilíbrio na vertical	A criança fica quieta, com braços e pernas em extensão e tensão máximas

Nível 3 de competência aquática a ser alcançado aos 12 meses

Áreas	Itens	Descrição da ação
Sócio-emocional	Entrada na água	A criança entra na piscina contente, observa a piscina, jogo e companheiros e participa de forma moderada na brincadeira
	Responda seu nome girando quando chamado de qualquer ângulo da piscina	Responde uma vez ao seu nome desde outro lugar ou posição ou duas vezes quando o interlocutor está na sua frente
	Joga o esconde-esconde	Às vezes, participa do jogo, seguindo com o olhar e as expressões quando saímos do seu campo de visão
Comunicação	Associação de palavras com ações ou objetos	Responde apenas a ações ou procura de objetos
	Balbucia expressivamente	A criança balbucia quando é exigido no jogo ou gosta da ação
	Emissão de sons (consoante-vogal)	A criança emite alguns sons e quase sempre imita aqueles que são propostos
Cognitiva	Verificação do ambiente	A criança observa a piscina e tenta pegar algum objeto ou interagir com outra criança próxima
	Exploração de objetos	A criança explora o brinquedo de 8 a 14 segundos
	Levanta um copo para conseguir um brinquedo	A criança tenta levantar o copo, mas não consegue
Motricidade	Deslocamento / propulsão	A criança é mostrada em uma posição semi-flexionada, os braços e as pernas relaxados, eles se movem, mas não são capazes de facilitar o movimento ou respingar água
	Mergulho	A criança entra na piscina com o apoio das mãos
	Controle da respiração	Salpicar água com cuidado, mas quando se molha acidentalmente, continua com o jogo sem inalar água
	Manipulações	A criança pega um objeto com cada mão
	Equilíbrio na flotação dorsal	A criança aceita a posição e a mantém em um flutuador tubular
	Equilíbrio na vertical	A criança permanece no flutuador tubular e pode respingar ou pegar objetos que estão próximos à sua mão

Nível 4 de competência aquática a ser alcançado aos 12 meses

Áreas	Itens	Descrição da ação
Sócio-emocional	Entrada na água	A criança entra contente, permanece livre, se movimenta e brinca
Sócio-emocional	Responda seu nome girando quando chamado de qualquer ângulo da piscina	Responde sempre e de qualquer lugar ou posição
Sócio-emocional	Joga o esconde-esconde	Participa ativamente com expressões e exige o jogo
Comunicação	Associação de palavras com ações ou objetos	Responde tanto às ações que lhe são impostas quanto aos objetos, procurando-os, apontando-os ou nomeando-os
Comunicação	Balbucia expressivamente	A criança balbucia sempre
Comunicação	Emissão de sons (consoante -vogal)	A criança sempre emite sons e imita aqueles que são propostos
Cognitiva	Verificação do ambiente	A criança se aproxima ou exige aproximar-se dos demais colegas de classe e tenta pegar os brinquedos e interagir com eles
Cognitiva	Exploração de objetos	A criança explora o brinquedo mais de 14 segundos
Cognitiva	Levanta um copo para conseguir o brinquedo	A criança levanta um copo e consegue o brinquedo
Motricidade	Deslocamento / propulsão	A criança mostra-se em uma posição semi-flexionada, os braços e as pernas se movem acompanhando o movimento, batendo a água com as mãos e o movimento de bicicleta com os pés
Motricidade	Mergulho	A criança entra na piscina de maneira autônoma
Motricidade	Controle da respiração	Salpicar água com as mãos e / ou pernas e quando a água cai em seu rosto, não se assusta, aproveitando a atividade
Motricidade	Manipulações	A criança bate os objetos ou os agarra na linha média.
Motricidade	Equilíbrio na flotação dorsal	A criança mantém a posição na flutuação dorsal de forma autônoma
Motricidade	Equilíbrio na vertical	A criança permanece no flutuador tubular e inicia o movimento dos braços e pernas para buscar o deslocamento e alcançar objetos distantes

Competência aquática de 1 a 2 anos

Nível 1 de competência aquática a ser alcançada aos 2 anos

Áreas	Itens	Descrição da ação
Sócio-emocional	Entrada a piscina a partir da borda	A criança rejeita entrar na piscina
Sócio-emocional	Início de contato social com os colegas	Não interage com outros colegas
Sócio-emocional	Imita outra criança	Não realiza a ação
Sócio-emocional	Seguimento de regras	Não responde as ordens
Comunicação	Seguimento de regras acompanhadas de gestos	A criança não obedece a nenhum das ordens
Comunicação	Uso de palavra(s) para tornar seus desejos conhecidos	A criança não usa a palavra para fazer conhecer seus desejos
Comunicação	Utilização de 10 ou mais palavras	Utiliza menos de 3 palavras
Cognitiva	Procura por um objeto desaparecido	A criança não demonstra nenhuma tentativa de busca
Cognitiva	Construção de uma torre de 2 cubos	A criança não mostra interesse pelos cubos
Cognitiva	Estende os braços para alcançar um brinquedo dentro de um cubo transparente	Não faz tentativas de pegar o objeto
Motricidade	Deslocamento / propulsão	A criança mostra uma posição de paraquedas, na qual os braços e pernas estão com extensão e tensão máximas, não relaxa e não inicia o movimento
Motricidade	Mergulho	A criança não entra na piscina
Motricidade	Controle da respiração	Inspira a água, recusa, não inicia a atividade
Motricidade	Manipulações	A criança não é capaz de pegar objetos ou pega apenas com uma mão
Motricidade	Equilíbrio /giros na vertical no eixo longitudinal	A criança é incapaz de ficar sozinha com o apoio da bóia tubular
Motricidade	Equilíbrio / giros na horizontal no eixo longitudinal	A criança não mantém a flotação dorsal

Nível 2 de competência aquática a ser alcançada aos 2 anos

Áreas	Itens	Descrição da ação
Sócio-emocional	Entrada na piscina a partir da borda	A criança entra na piscina com medo e sujeita ao acompanhante
Sócio-emocional	Início do contato social com colegas	Interage muito poucas vezes
Sócio-emocional	Imita outra criança	Imita o jogo em poucas ocasiões
Sócio-emocional	Seguimento de regras	Responde muito poucas vezes
Comunicação	Seguimento de regras acompanhadas de gestos	A criança responde de alguma forma ao pedido, mas não o executa ou executa apenas um dos pedidos
Comunicação	Uso de palavra(s) para tornar seus desejos conhecidos	A utiliza muito poucas vezes
Comunicação	Utilização de 10 ou mais palavras	Utiliza de 3 a 6 palavras
Cognitiva	Procura por um objeto desaparecido	A criança olha para onde está o brinquedo, mas se cansa imediatamente
Cognitiva	Construção de uma torre de 2 cubos	A criança pega os cubos mas não os coloca
Cognitiva	Estende os braços para alcançar um brinquedo dentro de um cubo transparente	Aponta para o objeto e nos pede para pegá-lo
Motricidade	Deslocamento / propulsão	A criança está relaxada, brinca com água ou objetos próximos, mas não inicia o movimento
Motricidade	Mergulho	A criança senta e entra na piscina da posição sentada com ou sem ajuda
Motricidade	Controle da respiração	Mergulha a boca na água, mas não sopra ou inala água
Motricidade	Manipulações	A criança pega um objeto com cada mão
Motricidade	Equilíbrio /giros na vertical no eixo longitudinal	A criança permanece com a flutuador tubular embaixo dos braços e inicia um movimento pouco efetivo com as pernas
Motricidade	Equilíbrio / giros na horizontal no eixo longitudinal	A criança mantém a flotação dorsal e tenta o giro, mas não é eficaz

Nível 3 de competência aquática a ser alcançada aos 2 anos

Áreas	Itens	Descrição da ação
Sócio-emocional	Entrada na piscina a partir da borda	A criança entra na piscina apoiando-se no acompanhante
	Início do contato social com colegas	Interage quase sempre
	Imita a outra criança	Imita a brincadeira às vezes
	Seguimento de regras	Obedece quase sempre
Comunicação	Seguimento de regras acompanhadas de gestos	A criança responde a 2 das 4 ordens
	Uso de palavra(s) para tornar seus desejos conhecidos	A utiliza quase sempre
	Utilização de 10 ou mais palavras	Utiliza de 6 a 9 palavras
Cognitiva	Procura por um objeto desaparecido	A criança olha para onde está o brinquedo e tenta ou realiza sinais para que o tiremos
	Construção de uma torre de 2 cubos	A criança coloca o primeiro cubo, mas o segundo cai quando colocado
	Estende os braços para alcançar um brinquedo dentro de um cubo transparente	Tenta pegar o objeto
Motricidade	Deslocamento / propulsão	A criança realiza o movimento de pernas em bicicleta pouco eficiente e os braços se equilibram e procuram objetos próximos
	Mergulho	A criança pede apoio para pular de pé
	Controle da respiração	Mergulha a boca na água e sopra bolhas
	Manipulações	A criança pega no centro do corpo ou pega um objeto com cada mão e bate neles
	Equilíbrio /giros na vertical no eixo longitudinal	A criança se move com um flutuador tubular sob os braços, com um movimento eficaz das pernas
	Equilíbrio / giros na horizontal no eixo longitudinal	A criança gira, mas não consegue sair na superfície

Nível 4 de competência aquática a ser alcançada aos 2 anos

Áreas	Itens	Descrição da ação
Sócio-emocional	Entrada na piscina a partir da borda	A criança se joga da beira da piscina
Sócio-emocional	Início do contato social com colegas	Inicia contato social sempre
Sócio-emocional	Imita a outra criança	Imita a brincadeira sempre
Sócio-emocional	Seguimento de regras	Obedece sempre
Comunicação	Seguimento de regras acompanhadas de gestos	A criança obedece pelo menos 3 das ordens
Comunicação	Uso de palavra(s) para tornar seus desejos conhecidos	A utiliza sempre
Comunicação	Utilização de 10 ou mais palavras	Utiliza 10 palavras como mínimo
Cognitiva	Procura por um objeto desaparecido	A criança coloca a mão na água e tenta alcançar o brinquedo
Cognitiva	Construção de uma torre de 2 cubos	A criança faz a torre com os dois cubos
Cognitiva	Estende os braços para alcançar um brinquedo dentro de um cubo transparente	Tira o objeto do cubo
Motricidade	Deslocamento/propulsão	A criança se move através da piscina com movimento de pernas eficazes, equilibrando-se com os braços procurando objetos
Motricidade	Mergulho	A criança se joga de pé autonomamente
Motricidade	Controle da respiração	Sopra bolhas pelo nariz e pela boca separadamente
Motricidade	Manipulações	A criança pega um objeto com cada mão e ao oferecer um terceiro, solta um deles para agarrá-lo
Motricidade	Equilíbrio /giros na vertical no eixo longitudinal	A criança se move com um flutuador tubular sob os braços, com movimentos eficazes das pernas, usando os braços para girar em busca do objeto
Motricidade	Equilíbrio / giros na horizontal no eixo longitudinal	A criança gira e vem à superfície em busca do acompanhante

Competência aquática de 2 a 3 anos

Nível 1 de competência aquática a atingir aos 3 anos

Áreas	Itens	Descrição da ação
Sócio-emocional	Entrada na piscina desde a borda	A criança se recusa a entrar na piscina
	Identificação do seu nome	Não responde pelo seu nome nem o identifica
	Uso de apelido ou seu nome para se referir a si mesmo	A criança nunca responde com um "eu", "mim" ou o nome dela
Comunicação	Compreensão dos conceitos "dentro, fora, por cima, frente, trás, em direção a "	A criança obedece a menos de duas ordens
	Identificação de três objetos na piscina	A criança não conhece nenhum nome
	Uso dos pronomes "eu", "você" e "mim"	A criança não utiliza os pronomes
Cognitiva	Auto-reconhecimento como causa de eventos	Nunca se reconhece como causa do acontecimento, nem repete a ação que espontaneamente causou um fato
	Escolha da mão que esconde o brinquedo	A criança não responde ou responde bem uma vez
	Repetição de sequências de dois dígitos	Nâo repete nenhuma sequência
Motricidade	Deslocamento/propulsão	A criança não consegue se equilibrar com o apoio da flutuador tubular entre as pernas
	Mergulho	A criança não entra na piscina
	Controle da respiração	O menino se recusa a colocar a cabeça na água
	Manipulações	A criança não é capaz de pegar objetos
	Equilíbrio / giros na vertical no eixo longitudinal	A criança é incapaz de ficar sozinha com o apoio da flutuador tubular
	Equilíbrio / giros na horizontal no eixo longitudinal	A criança não mantém a flutuação dorsal
	Equilíbrio /giros na vertical no eixo transversal	A criança é incapaz de mergulhar em busca do objeto

Nivel 2 de competência acuática a atingir a los 3 años

Áreas	Itens	Descrição da ação
Sócio-emocional	Entrada na piscina desde a borda	A criança entra na piscina com medo e segurando o acompanhante
Sócio-emocional	Identificação do seu nome	É chamada de quatro nomes alternativos e a criança responde afirmativamente ao seu nome. O seu nome é Juan? O seu nome é Pedro?
Sócio-emocional	Uso de apelido ou seu nome para se referir a si mesmo	A criança responde poucas vezes
Comunicação	Compreensão dos conceitos "dentro, fora, por cima, frente, trás, em direção a "	A criança responde 2 ou 3 ordens
Comunicação	Identificação de 3 objetos na piscina	A criança reconhece um nome
Comunicação	Uso dos pronomes "eu", "você" e "mim"	A criança os utiliza poucas vezes
Cognitiva	Auto-reconhecimento como causa de eventos	Reconhece a si como causa de acontecimentos e repete a ação que espontaneamente causou um evento uma ou duas vezes
Cognitiva	Escolha da mão que esconde o brinquedo	A criança acerta duas vezes
Cognitiva	Repetição de sequências de dois dígitos	Repete apenas um número da sequência
Motricidade	Deslocamento/propulsão	A criança fica até cinco segundos com a flutuador tubular entre as pernas e na posição vertical.
Motricidade	Mergulho	A criança entra na piscina desde a posição sentado
Motricidade	Controle da respiração	A criança mete a cabeça até o nível da boca
Motricidade	Manipulações	A criança pega objetos com toda a mão
Motricidade	Equilíbrio /giros na vertical no eixo longitudinal	A criança fica com a flutuador tubular e começa movimento ineficaz com as pernas
Motricidade	Equilíbrio / giros na horizontal no eixo longitudinal	A criança continua flutuando e tenta se virar, mas não é eficaz
Motricidade	Equilíbrio /giros na vertical no eixo transversal	A criança é capaz de pegar um objeto localizado a 20 cm de profundidade

Nível 3 de competência aquática a atingir aos 3 anos

Áreas	Itens	Descrição da ação
Sócio-emocional	Entrada na piscina desde a borda	A criança quer entrar na piscina, apoiando-se no acompanhante
	Identificação do seu nome	É necessário perguntar várias vezes para obter a resposta
	Uso de apelido ou seu nome para se referir a si mesmo	Responde quase sempre
Comunicação	Compreensão dos conceitos "dentro, fora, por cima, frente, trás, em direção a "	A criança responde até 4 ordens
	Identificação de 3 objetos na piscina	A criança reconhece dois nomes
	Uso dos pronomes "eu", "você" e "mim"	Os utiliza às vezes
Cognitiva	Auto-reconhecimento como causa de eventos	Reconhece a si como causa de evento ou repete fatos pelo menos três vezes
	Escolha da mão que esconde o brinquedo	A criança acerta três vezes
	Repetição de sequências de dois dígitos	Repete duas sequências
Motricidade	Deslocamento/propulsão	A criança é capaz de permanecer no flutuador tubular entre as pernas e avançar com ela
	Mergulho	A criança entra na piscina em pé com ajuda
	Controle da respiração	A criança mergulha as vias aéreas por alguns segundos mas as tira sem pegar o objeto
	Manipulações	A criança executa uma pinça digital imperfeita
	Equilíbrio /giros na vertical no eixo longitudinal	A criança se move com um flutuador tubular com movimento eficaz das pernas
	Equilíbrio / giros na horizontal no eixo longitudinal	A criança gira mas não consegue sair à superfície
	Equilíbrio /giros na vertical no eixo transversal	A criança é capaz de pegar um objeto localizado a 50 cm de profundidade

Nível 4 de competência aquática a atingir aos 3 anos

Áreas	Itens	Descrição da ação
Sócio-emocional	Entrada na piscina desde a borda	A criança se joga desde a borda da piscina
Sócio-emocional	Identificação do seu nome	Responde dizendo seu primeiro nome ou seu nome completo
Sócio-emocional	Uso de apelido ou seu nome para se referir a si mesmo	Responde quase sempre
Comunicação	Compreensão dos conceitos "dentro, fora, por cima, frente, trás, em direção a "	A criança responde a mais de 4 ordens
Comunicação	Identificação de 3 objetos na piscina	A criança reconhece os três nomes
Comunicação	Uso dos pronomes "eu", "você" e "mim"	Os utiliza normalmente
Cognitiva	Auto-reconhecimento como causa de eventos	Sempre reconhece a si como causa de eventos e os repete para ver a consequência
Cognitiva	Escolha da mão que esconde o brinquedo	A criança acerta todas as vezes
Cognitiva	Repetição de sequências de dois dígitos	Repete as três sequências
Motricidade	Deslocamento/propulsão	A criança é capaz de ficar e se mover para onde quiser com o flutuador tubular entre as pernas
Motricidade	Mergulho	A criança se joga em pé autonomamente
Motricidade	Controle da respiração	A criança mergulha as vias aéreas e os olhos em busca do objeto
Motricidade	Manipulações	A criança pega as bolas com a pinça digital superior
Motricidade	Equilíbrio /giros na vertical no eixo longitudinal	A criança se move com um flutuador tubular com movimentos eficazes das pernas, usando os braços para girar em busca do objeto
Motricidade	Equilíbrio / giros na horizontal no eixo longitudinal	A criança gira e vem à superfície em busca do acompanhante
Motricidade	Equilíbrio /giros na vertical no eixo transversal	A criança é capaz de pegar um objeto 50 cm abaixo da água e voltar à superfície

Competência aquática de 3 a 4 anos

Nível 1 de competência aquática a ser alcançada aos 4 anos

Áreas	Itens	Descrição da ação
Sócio-emocional	Entrada na água	A criança entra na água chorando
	Relação com o resto dos companheiros	Não se relaciona
	Relação com o professor	Não se relaciona nada, sente receio
	Resposta a perguntas	A criança não responde e fica com receio
	Autonomia	Não coloca chinelos ou roupão de banho
Comunicação	Identificação de analogias opostas	A criança não conhece analogia oposta
	Reconhecimento de cores, humores e Sensações	A criança não reconhece nada que seja indicado ou mostrado
	Expressão livre	A criança não emite nenhuma palavra durante a aula em que expresse seus pensamentos
	Numeração até o 3	Não sabe contar até 3
Cognitiva	Compreensão das instruções	A criança permanece quieta, sem demonstrar entendimento do que acaba de ser indicado
	Exploração do material	A criança fica desconfortável na piscina e não quer que aproximem o material
	Identificação das partes do corpo	Não é capaz de identificar as partes do corpo
Motricidade	Deslocamento/propulsão	Não é capaz de se mover com a ajuda do material
	Salto	Não pula na água
	Controle da respiração	Parece que mergulha o rosto, mas não consegue introduzir nenhuma parte na água (boca, nariz e olhos)
	Equilíbrio /giros na vertical no eixo transversal	Não consegue fazer giros no eixo transversal (para frente ou para trás)
	Manipulação	Não é capaz de pegar uma bola que é jogada em suas mãos

Nível 2 de competência aquática a ser alcançada aos 4 anos

Áreas	Itens	Descrição da ação
Sócio-emocional	Entrada na água	A criança entra na água com um gesto assustado e se apega firmemente ao acompanhante
	Relação com o resto dos companheiros	Responde timidamente quando é chamado ao jogo
	Relação com o professor	Fica passivo, observa o educador com curiosidade
	Resposta a perguntas	A criança não responde mas se sente confortável
	Autonomia	Coloca os chinelos, mas não o roupão de banho, ou vice-versa
Comunicação	Identificação de analogias opostas	A criança responde bem a 25% das analogias
	Reconhecimento de cores, humores e Sensações	A criança reconhece unicamente as cores
	Expressão livre	A criança diz ao educador se tem algum problema para resolver
	Numeração até o 3	Tenta contar até três, mas não consegue
Cognitiva	Compreensão das instruções	A criança mostra ter entendido a instrução, mas não a executa
	Exploração do material	A criança fica calma, mas não quer tocar nos materiais, mostrando receio ou medo em relação a eles.
	Identificação das partes do corpo	Sabe indicar onde está a cabeça, mãos e pés em seu próprio corpo
Motricidade	Deslocamento/propulsão	Move-se autonomamente com a ajuda de material na posição ventral, mas não dorsal
	Salto	Pula dando um passo, sem flexionar as pernas
	Controle da respiração	Mergulha apenas a boca e o nariz, mas não faz bolinhas
	Equilíbrio /giros na vertical no eixo transversal	Inicia a realização do giro para frente e para trás, mas não consegue por completo; precisa da ajuda do professor para executá-lo
	Manipulação	Quando é jogada uma bola nas mãos dele, direciona a mão para a bola, mas falha em pegá-la.

Nível 3 de competência aquática a ser alcançada aos 4 anos

Áreas	Itens	Descrição da ação
Sócio-emocional	Entrada na água	A criança entra na água de forma moderada
	Relação com o resto dos companheiros	Responde ao jogo, mas não tem a iniciativa de iniciá-lo
	Relação com o professor	Participa das atividades apresentadas pelo professor de forma moderada
	Resposta a perguntas	a criança não responde, más se sente confortável
	Autonomia	Coloca o roupão de banho, mas os chinelos ao contrário
Comunicação	Identificação de analogias opostas	A criança responde bem entre 50-75 %% das analogias
	Reconhecimento de cores, humores e Sensações	A criança reconhece as cores e só sabe expressar se está feliz ou triste
	Expressão livre	A criança comunica ao professor se tiver algum problema para resolvê-lo
	Numeração até o 3	Conta até 3 com ajuda do professor
Cognitiva	Compreensão das instruções	A criança mostra ter entendido a instrução, mas a executa incorretamente
	Exploração do material	A criança se mostra tranquila, investiga um pouco os materiais, mostrando-se curiosa, mas com precaução.
	Identificação das partes do corpo	É capaz de indicar todas as partes do seu corpo, mas não em seus companheiros
Motricidade	Deslocamento/propulsão	Move-se autonomamente com a ajuda de material na posição ventral e dorsal
	Salto	Salta pulando com as duas pernas, mas sem flexioná-las
	Controle da respiração	Faz bolhas introduzindo a boca e o nariz, mas não os olhos
	Equilíbrio /giros na vertical no eixo transversal	Realiza o giro para frente corretamente, mas não para trás
	Manipulação	Quando jogam uma bola nas mãos dele, direciona a mão para a bola, a toca, mas falha em pegá-la.

Nível 4 de competência aquática a ser alcançada aos 4 anos

Áreas	Itens	Descrição da ação
Sócio-emocional	Entrada na água	A criança entra na água feliz, permanece livre
	Relação com o resto dos companheiros	Relaciona-se efusivamente com o resto das crianças
	Relação com o professor	Participa ativamente de atividades, além de se sentir ligado a ele
	Resposta a perguntas	A criança responde a todas as perguntas
	Autonomia	É capaz de colocar sozinho os chinelos e o roupão de banho
Comunicação	Identificação de analogias opostas	A criança conhece todas as analogias indicadas
	Reconhecimento de cores, humores e Sensações	A criança reconhece as cores, estados de ânimo e sentimentos
	Expressão livre	A criança sempre diz ao monitor o que acontece ou se tem algum problema
	Numeração até o 3	Sabe contar até 3
Cognitiva	Compreensão das instruções	A criança mostrar ter entendido a instrução e a executa corretamente
	Exploração do material	A criança está totalmente à vontade e brinca com todo o material
	Identificação das partes do corpo	É capaz de identificar as partes em seu corpo e em outro parceiro
Motricidade	Deslocamento/propulsão	Move-se autonomamente sem a ajuda de material na posição ventral e dorsal
	Salto	Salta flexionando levemente as pernas e levantando-as simultaneamente
	Controle da respiração	Mergulha a boca, nariz e olhos fazendo bolhas e, quando sai fica calmo, pode até repeti-lo imediatamente
	Equilíbrio /giros na vertical no eixo transversal	Pode dar giros para frente e para trás sem problemas
	Manipulação	Quando jogam uma bola nas mãos dele, a pega sem deixá-la cair na água

Competência aquática de 4 a 5 anos

Nível 1 de competência aquática a atingir aos 5 anos

Áreas	Itens	Descrição da ação
Sócio-emocional	Entrada na água	A criança entra chorando
	Autonomia	Não consegue andar até as escadas, tirar os sapatos, o roupão, entrar na água, colocar os óculos e a touca
	Conforto com os arredores	Tem medo da piscina e não quer se aproximar dela
Comunicação	Compreensão	Em uma área rasa, quando a criança é instruída a ir a um determinado material, não é capaz de fazê-lo.
	Construções verbais, exceto verbos irregulares	Tem dificuldade em executar construções verbais complexas
	Incorporação de pronomes possessivos, advérbios e conjunções de tempos	Não é capaz de incorporar ao seu vocabulário nenhum pronome possessivo, advérbio ou conjunção de tempo
Cognitiva	Sentido do tempo	Tem dificuldade em lembrar o último dia em que veio à piscina e com que material jogou
	Atenção durante a aula	Só é capaz de manter a atenção no máximo 10 minutos durante toda a aula
	Sentido do ritmo	Não é capaz de seguir o ritmo quando é cantada uma música e é pedido que dance
Motricidade	Deslocamento / propulsão	Não é capaz de se mover apenas com a ajuda de material
	Salto	Não é capaz de pular na piscina a uma altura de 20 cm com os pés juntos sem impulso
	Controle da respiração	Não mergulha o rosto ou as vias aéreas ao tentar pegar brinquedos debaixo d'água
	Equilíbrio na posição ventral	Incapaz de permanecer em flutuação ventral
	Equilíbrio na posição dorsal	Incapaz de permanecer em flutuação dorsal

Nível 2 de competência aquática a atingir aos 5 anos

Áreas	Itens	Descrição da ação
Sócio-emocional	Entrada na água	A criança entra assustada e se apega firmemente à escada ou educador
Sócio-emocional	Autonomia	Ele é capaz de caminhar em direção à escada, mas não tira os sapatos e roupão de banho, não entra na água, nem coloca os óculos e a touca
Sócio-emocional	Conforto com os arredores	Entra na piscina com receio e não quer se aproximar dos materiais
Comunicação	Compreensão	Em uma área rasa, quando a criança é instruída a ir a um determinado material, ela tenta, mas finalmente é incapaz de fazê-lo
Comunicação	Construções verbais, exceto verbos irregulares	Conjuga corretamente 50% dos verbos utilizados
Comunicação	Incorporação de pronomes possessivos, advérbios e conjunções de tempos	Ele só é capaz de incorporar em seu discurso os pronomes possessivos
Cognitiva	Sentido do tempo	Lembra do que fez na piscina e com qual material brincou se o último dia em que esteve foi ontem
Cognitiva	Atenção durante a aula	Só é capaz de manter a atenção no máximo 20 minutos durante toda a aula
Cognitiva	Sentido do ritmo	Segue o ritmo quando uma música é cantada e proposta para dançar, mas de maneira descoordenada
Motricidade	Deslocamento / propulsão	Tenta fazer movimentos de propulsão, mas não é capaz de se mover apenas com a ajuda de material
Motricidade	Salto	Pula dando um passo sem flexionar as pernas a uma altura de 20 cm com os pés juntos sem impulso
Motricidade	Controle da respiração	Mergulha apenas o rosto, mas não as vias respiratórias quando tenta pegar brinquedos debaixo d'água
Motricidade	Equilíbrio na posição ventral	É capaz de permanecer em flutuação ventral com a ajuda do professor
Motricidade	Equilíbrio na posição dorsal	É capaz de permanecer em flutuação dorsal com a ajuda do professor

Nível 3 de competência aquática a atingir aos 5 anos

Áreas	Itens	Descrição da ação
Sócio-emocional	Entrada na água	A criança entra na água, mas participa moderadamente das tarefas
Sócio-emocional	Autonomia	É capaz de andar em direção à escada, tira os sapatos, o roupão de banho, entra na água, mas não sabe colocar os óculos e a touca
Sócio-emocional	Conforto com os arredores	Entra na piscina tranquilamente e manuseia os materiais moderadamente
Comunicação	Compreensão	Em uma área rasa, quando é chamado a abordar determinado material, tem dúvidas a princípio, mas finalmente consegue fazê-lo.
Comunicação	Construções verbais, exceto verbos irregulares	Conjuga corretamente 75% dos verbos utilizados
Comunicação	Incorporação de pronomes possessivos, advérbios e conjunções de tempos	Incorpora em seu discurso pronomes possessivos e, às vezes, conjunções de tempo
Cognitiva	Sentido do tempo	Lembra do que fez na piscina e com qual material brincou, se o último dia em que veio foi dois ou cinco dias atrás
Cognitiva	Atenção durante a aula	Só é capaz de manter a atenção no máximo 35 minutos da aula
Cognitiva	Sentido do ritmo	Segue o ritmo quando uma música é cantada e proposta para dançar, mas às vezes de forma descoordenada
Motricidade	Deslocamento / propulsão	É capaz de se mover apenas com a ajuda de material
Motricidade	Salto	Pula com ambas as pernas a uma altura de 20 cm com os pés juntos sem impulso, mas sem flexioná-las muito
Motricidade	Controle da respiração	Mergulha a cabeça completamente quando tenta pegar os brinquedos debaixo d'água, mas ainda não mostra um ótimo domínio
Motricidade	Equilíbrio na posição ventral	É capaz de permanecer em flutuação ventral com a ajuda de material
Motricidade	Equilíbrio na posição dorsal	É capaz de permanecer em flutuação dorsal com a ajuda de material

Nível 4 de competência aquática a atingir aos 5 anos

Áreas	Itens	Descrição da ação
Sócio-emocional	Entrada na água	A criança entra feliz na água e participa abertamente em todas as tarefas
	Autonomia	É capaz de caminhar em direção à escada, tirar os sapatos, o roupão de banho, entra na água e sabe colocar os óculos e a touca
	Conforto com os arredores	Entra na piscina confortavelmente e manuseia os materiais sem problemas
Comunicação	Compreensão	Em uma área rasa, quando é chamada em direção a determinado material, faz isso sem problemas
	Construções verbais, exceto verbos irregulares	Conjuga bem todos os verbos, mesmo os mais complexos
	Incorporação de pronomes possessivos, advérbios e conjunções de tempos	Incorpora em seu vocabulário os pronomes possessivos, advérbios e conjunções de tempo
Cognitiva	Sentido do tempo	Lembra o que fez na piscina e com qual material brincou, mesmo depois de uma semana
	Atenção durante a aula	Consegue manter a atenção durante toda a aula
	Sentido do ritmo	Segue o ritmo de maneira coordenada em todos os momentos em que uma música é cantada e proposta para dançar
Motricidade	Deslocamento / propulsão	É capaz de se mover sozinho sem a ajuda de material e / ou adulto
	Salto	Salta com os pés juntos, sem impulso, a uma altura de aproximadamente 20 cm
	Controle da respiração	Mergulha a cabeça completamente quando tentar pegar brinquedos debaixo d'água com facilidade
	Equilíbrio na posição ventral	É capaz de permanecer em flutuação ventral sem ajuda
	Equilíbrio na posição dorsal	É capaz de permanecer em flutuação dorsal sem ajuda

Capítulo 3
MÉTODO AQUÁTICO COMPREENSIVO

As diferentes faces da aquisição da competência aquática

Te aprender a nadar naturalmente é tão eficaz quanto a educação formal? Tendemos a pensar que tudo o que é natural é bom, ou pelo menos melhor que o formal. Frequentemente sim, especialmente quando se trata de aprender, mas não é o caso de aprender a nadar (competência aquática: ser capaz de usar uma ampla e variada gama de habilidades adequadamente para resolver problemas motores). Ao contrário dos sistemas formais de ensino de competências aquáticas, o aprendizado informal ou natural visa simular e prever o aprendizado que os seres humanos realizam, levando em consideração não apenas as limitações de memória e capacidade de processamento, mas também o tempo limitado disponível para responder às demandas de um ambiente aquático.

Portanto, modelos formais não desmerecem os modelos naturais. O aprendizado ocorre efetivamente ao analisar informações com outras pessoas, fazendo perguntas sobre o assunto de acordo com o processo natural de aprendizado de cada pessoa. Os modelos formais são organizados e estruturados por meio da combinação de certas progressões metodológicas e contam com algumas vantagens não desprezíveis, tendo o apoio de evidências científicas, o que permite maior eficácia na aprendizagem.

Os efeitos da educação formal (o ensino é programado, hierárquico, orientado, sistemático, medido e avaliado) e o aprendizado natural (o aprendizado é orgânico, espontâneo e automotivado) são semelhantes. Portanto, de onde quer que se aprenda a nadar, seu efeito acaba sendo o mesmo. Mas deve haver um princípio básico para que seja retido na memória, que na aprendizagem natural sempre desencadeia, uma ação volitiva e uma busca voluntária de soluções de forma autônoma. É da contínua investigação e reflexão sobre os estudos da aprendizagem natural e formal, donde podem surgir metodologias capazes de efetivamente favorecer a aquisição da competência aquática e que certamente nos ajudarão a melhorar a aprendizagem no ambiente aquático.

Nesta busca por um sistema que possa ser eficaz, a metodologia a ser usada entra em jogo. O termo "método" é um conceito muito amplo, que indica o caminho para alcançar uma meta. É a maneira pela qual qualquer trabalho ou projeto é realizado. A metodologia é a que marca o caminho ou processo a seguir para alcançar os objetivos que o ser humano propõe. A escolha do método, ou métodos, de ensino no ambiente aquático depende, em grande parte, da competência que se deseja desenvolver na criança e também pode ser afetado pelo conteúdo da aprendizagem e pelo nível dos aprendizes.

É um processo de tomada de decisão que o professor realiza e é influenciado por suas "crenças". É uma concretização do "como" agir em um determinado contexto, levando em consideração a idade dos participantes, as habilidades a serem desenvolvidas, os resultados esperados etc. É por isso que podemos falar sobre metodologias colaborativas, metodologias indutivas ou uma combinação de ambas. É o caso da Metodologia Aquática Compreensiva (MAC).

Segundo Hattie (2012), para maximizar o impacto no aprendizado, os melhores métodos de ensino teriam que propor tarefas específicas, mostrando quais são os objetivos precisos de cada atividade, com base em exemplos e modelos de referência. Além disso, essa busca de entendimento, ou seja, a capacidade de saber qual procedimento de ação é o mais adequado para cada situação, entendendo as dificuldades e possibilidades que diferentes situações e tarefas apresentam, ajudará a alcançar a competência no ambiente aquático. Portanto, para melhorar a comunicação, é apropriado relatar (feedback) o que estão conseguindo, fazendo com que possam implicitamente e explicitamente entender o papel que a competência aquática tem em suas vidas. Neste processo abrangente, o aprendiz participa de maneira intensa e autônoma, procurando as soluções mais favoráveis para os problemas que o professor propõe resolver, adaptando-se às circunstâncias e entendendo que nem sempre existe uma solução única para o mesmo problema: estamos falando de auto aprender, de se tornar progressivamente responsável por sua própria aprendizagem aquática. Isto permitiria uma maior consolidação do que foi aprendido. Seria difícil organizar e estruturar todos os métodos de ensino utilizados no ambiente aquático para alcançar a competência aquática. Mas é muito mais fácil mostrar uma metodologia que inclua as indicações destacadas por John Hattie em 2012. Neste livro se expressa sob a declaração do Método Aquático Compreensivo (MAC).

Método Aquático Compreensivo (MAC)

O MAC é uma educação aquática que responde aos três elementos destacados por Newell (1985): o aprendiz, as tarefas e o contexto de aprendizagem.

Como indicamos nos capítulos anteriores, o desenvolvimento da competência aquática implica o aprendizado e o domínio de tarefas de vários tipos, mas todas devem levar como sinal de identidade que significam algo para quem as

Um grande momento para aprender.

Ensinar é muito mais que dirigir.

aprende, que são desafios que devem ser revelados, descobrir para alcançar o objetivo pretendido e torná-los atraentes para as crianças, estando dentro de sua zona potencial de desenvolvimento.

Sabemos que o desenvolvimento da competência aquática é um processo diferente de aprender a dominar as técnicas de natação. Mas, embora ser competente no ambiente aquático seja mais do que dominar o crawl ou o nado de costas, sabemos que a competência aquática de seres humanos seria reduzida sem o domínio dessas técnicas e que elas podem fazer parte dos desejos dos aprendizes, daí que esta metodologia leva em consideração os interesses do aluno para que se sinta interessado em aprender. Trata-se de uma metodologia ativa em que a função recreativa e o jogo no ambiente aquático são de grande importância, que visa com que o aprendiz supere com sucesso os diferentes problemas motores aquáticos de forma autônoma, levando em consideração um conjunto de conhecimentos (saber aprender), procedimentos (saber fazer), atitudes e sentimentos (saber ser) que interferem nas múltiplas interações com os outros.

No MAC, a missão do educador é dar dicas e promover caminhos para que aprendam a aprender e, para isso, estratégias (meios ou recursos pedagógicos) são usadas para um objetivo específico e usam uma combinação de técnicas concretas para atingir a meta. Estes são os procedimentos que o professor usa de maneira reflexiva e flexível para promover a conquista da aprendizagem aquática. Também se fundamentam no uso de técnicas de ensino baseadas nas aplicações específicas de certas ferramentas (que são os recursos mais elementares que podem ser usados para ensinar, como os prêmios); um exemplo de uma técnica específica seria atribuir um prêmio através da resolução de certos problemas aquáticos apresentados em fichas.

É óbvio que o objetivo final da aprendizagem no ambiente aquático é se desenvolver e aproveitar a água com competência. A construção do conhecimento, que é essencialmente compreensiva, requer retenção para seu aprendizado final. Portanto, o objetivo final ao desenvolver a competência aquática é que os alunos possam dirigir e controlar seu próprio aprendizado. Consiste em garantir que os alunos adquiram as ferramentas necessárias para serem competentes (autônomos) no ambiente aquático. Neste sentido, Jean Piaget já propôs que o principal objetivo da educação é criar pessoas capazes de fazer coisas novas, não apenas repetir o que outras gerações fizeram e formar mentes críticas que não aceitem tudo o que é oferecido. Pois bem, às vezes, chegamos ao absurdo de avaliar a qualidade da educação aquática pela capacidade das crianças responderem corretamente a situações tão complexas que os adultos não conseguem resolver.

Os pequenos devem ser incentivados a descobrir suas possibilidades de ação, orientá-los a progredir e a melhor maneira é aprender fazendo. A proposta é que, através do MAC, os alunos assumam que os ambientes aquáticos são espaços perceptivo-motores de prazer, não alheios ou estranhos, nos quais saibam analisar suas possibilidades e aplicar seus conhecimentos e procedimentos de ação. É necessário adotar uma perspectiva de ciclo vital, o que Joãozinho aprende na água deve ser útil para João quando acessar uma piscina, um lago ou o mar em suas férias. Através do jogo na água podemos conseguir a atenção do aprendiz e explorar o que Vygotsky chamou de zona potencial de desenvolvimento.

Há uma série de competências aquáticas que a criança não pode fazer por conta própria e que, com o apoio de um adulto, com uma construção especial, acabará realizando-as por conta própria. A biologia e o ambiente são estruturados reciprocamente para que a criança possa acessar níveis mais altos de competência aquática, desde que o ambiente se torne um desafio, com convites para agir (recursos), facilitando sua aprendizagem. É necessário que, para que este conhecimento seja pleno, a criança domine toda uma série de competências modulares (propulsão, equilíbrio, manipulações etc.), pois são a porta para a aquisição de novos conhecimentos aquáticos, sobre si mesma como um ser que se desenvolve na água com competência.

Tradicionalmente, distinguiu-se na educação aquática entre conteúdos e procedimentos. As novas teorias da memória e da aprendizagem, baseadas na noção de esquema ativo, reduzem as distâncias entre elas. A busca por competência aquática nos mostra um exemplo disso: podem ser aprendidas habilidades modulares como respirar, flutuar, deslizar, etc., e também aprender a combiná-las e integrá-las em projetos aquáticos.

Uma justificativa disso está no trabalho de Jens Rasmussen, que em 1983 definiu elementos da cognição humana que levam ao estabelecimento de três maneiras de absorver e entender as informações: habilidades, regras e conhecimentos.

- *Aprendizagem de habilidades aquáticas.* Um comportamento baseado em habilidades representa um tipo de conduta que requer pouco ou nenhum controle consciente para realizar ou executar uma ação, uma vez que a pessoa internalizou o processo. Por exemplo, nadar o nado crawl é considerado um comportamento desse tipo, porque requer muito pouca atenção para controlá-lo, uma vez que a habilidade foi adquirida.

- *Aprendizado das regras que ocorrem nos ambientes de ensino aquático.* Um comportamento baseado em regras é caracterizado pelo uso de normas e procedimentos para selecionar a ação que deve ser seguida em uma prática aquática. As regras podem ser um conjunto de instruções adquiridas através da experiência ou dadas por um professor com experiência anterior. Por exemplo, as instalações aquáticas têm um conjunto de instruções muito bem estabelecidas para seu uso correto. Portanto, quando alguém entra na instalação, pode seguir as etapas necessárias para garantir a higiene no uso da instalação, roupão, chapéu, chuveiro, chinelos, etc.

- *Aprendizado do conhecimento aquático.* Um comportamento baseado no conhecimento representa um nível de raciocínio mais avançado. Este tipo de controle pode ser usado quando a situação é nova e inesperada. A ideia é que uma habilidade é uma função, um processo que, uma vez aprendido, pode ser aplicado automaticamente. Por exemplo, nadar sozinho não pode levar uma pessoa a coisas maiores, a novas descobertas ou aprendizados, mas é um componente vital. Ao continuar nadando, se adicionar as regras, por exemplo, sabe-se que é mais seguro nadar com a supervisão de um guarda-vidas do que nadar livremente no mar sem supervisão. Então pode ser aplicada essa habilidade com alguma certeza, mas ainda só está nadando. Somente ao adicionar o aprendizado da informação pelo conhecimento é quando as coisas começam a fazer sentido, porque então saberemos qual o ritmo que se deverá manter para poder completar uma determinada distância.

O aprender através de habilidades, regras e conhecimentos pode levar o ser humano a um lugar onde novos pensamentos e experiências podem ser desenvolvidas, o que ajudará a motivação contínua necessária para continuar melhorando a competência aquática e produzirá mudanças no sistema nervoso, onde a memória desempenha um papel importante na aprendizagem. Segundo Marina (2017), a memória é propriedade do sistema nervoso de mudar de acordo com a experiência e usar essas mudanças em atividades futuras. É fundamentada na plasticidade neuronal. As operações mentais que o aprendiz realiza na busca de competência aquática são baseadas na memória, não sendo um repertório de ações memorizadas em um armazém, mas aprendidas na memória.

O MAC favorece a aprendizagem que envolve os participantes de maneira ativa, autônoma e social, de modo que o aprendiz não se limita a receber as informações, mas gerencia ativamente sua própria transformação. É um processo de autoconstrução e heteroconstrução, onde outros desempenham um papel de grande importância. Para entender, dar sentido e construir conhecimento, deve estar ativo e ter uma atitude de aprendizado, disposto a realizar ativa e conscientemente as operações necessárias. A ativação tem a ver com motivação. É necessário conectar o que está sendo aprendido com outras coisas que já são conhecidas; desta forma, é muito provável que o conectado permaneça na memória. Através da memória muscular, movimento voluntário no ambiente aquático, é como a memória pode ajudar a melhorar o aprendizado. Prova disso já foi indicado por Piaget, afirmando que a internalização mental do movimento é a origem da inteligência. Portanto, o educador do MAC atua como conselheiro ou guia de aprendizado. Nesta busca do aprendizado investigando por parte da criança, se baseia em três procedimentos constantes, sistemáticos, integrados e encadeados: a participação ativa, a interação e a cooperação.

O entendimento envolve a integração de novas informações dentro de informações conhecidas. Até encontrar esse ajuste, as novas informações estão sol-

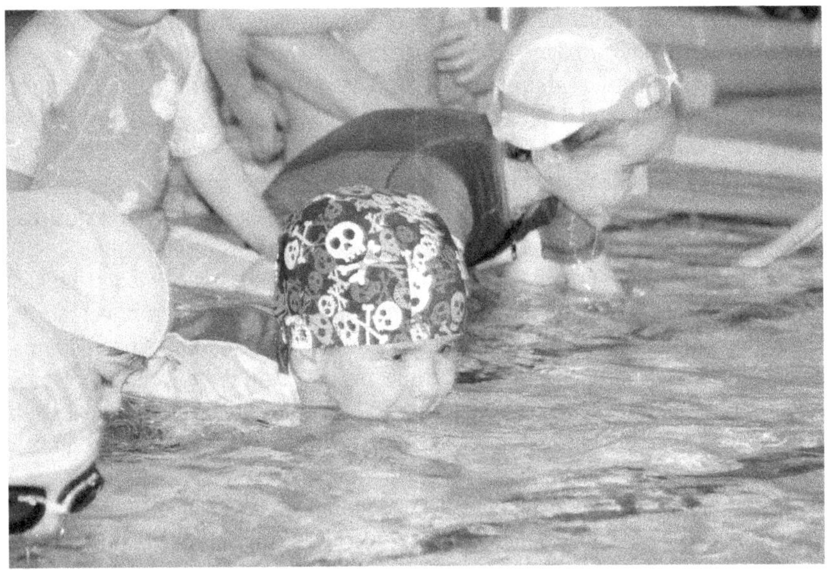

O contato da água no rosto.

Ensinar para que entendam.

tas, procurando seu lugar na estrutura do entendimento. Com base na pedagogia construtivista (Light e Wallian, 2012), é necessário favorecer a construção de significados para converter informações em conhecimento. A partir deste princípio, consideramos que o aluno que aprende deve se auto-organizar e procurar autonomamente a resposta para o problema e o professor deve permitir que os alunos levantem suas próprias perguntas, gerem suas próprias hipóteses e testem sua viabilidade. Devem receber experiências desafiadoras e abertas em contextos realistas, permitindo-lhes explorar e gerar muitas possibilidades de resposta.

Estes desafios perturbam os entendimentos e preconceitos existentes no aluno e o leva a formas construtivas de conhecimento, restaurando um estado de equilíbrio cognitivo da experiência pessoal. Portanto, consideramos que os erros do aprendiz fazem parte do aprendizado que não precisam ser evitados. Para isso, é necessário tempo na criação do significado para reflexão e / ou discussão das experiências que facilitam a abstração reflexiva (é a força motriz da aprendizagem), e que acontecem durante a ação.

Na prática de qualquer competência aquática, a atenção do aluno se concentra em uma ação após a outra. O que acontece com as ações já praticadas? Precisam permanecer na memória, para permitir entender a ação completa. Mas, à medida que a prática continua, a memória precisa manter as informações, mas não literalmente. Vai preparando resumos da prática que permitem entender a habilidade ou o conceito. Este é um trabalho da memória. Mas, além disso, para entender o que é praticado, é necessário recuperar informações da memória de longo prazo. Esta é uma ação da memória em ação. E tudo isto ocorre com experiências compartilhadas com a interação com outros participantes através do diálogo.

O grupo é tratado como uma comunidade de pessoas que participam da atividade e parte desse entendimento vem da reflexão e da conversa. Além disso, à medida que os praticantes se esforçam para entender o que fazem, são construídas mudanças estruturais progressivas que levam ao desenvolvimento de ideias. Estas grandes ideias podem ser generalizadas através de experiências e geralmente exigem a reorganização de conceitos prévios.

Pode-se inferir que aprender algo não significa entendê-lo, ou seja, mantê-lo na memória para usá-lo. Podemos entender uma demonstração de uma habilidade aquática (equilíbrio) enquanto é explicada e depois não conseguir repeti-la. Após a recepção e a compreensão é necessário colocar em prática os processos de fixação na memória, de forma a facilitar a recuperação e o uso subsequentes. A repetição, a revisão, pode ser uma maneira adequada de retê-la. O MAC usa o aprendizado significativo e aprendizado por descoberta para o desenvolvimento da competência aquática, e neste desenvolvimento a prática abundante e variável é de suma importância.

Nesse processo, não são apenas importantes as informações ou experiências didáticas que são fornecidas ao aprendiz, mas a maneira como são interpretadas e codificadas, isto é, a maneira como o conhecimento é organizado para entrar na memória. Assim, a educação aquática deve se basear no envolvimento ativo

A idade não é um obstáculo para jogar na piscina.

Desenvolver a concentração desde a mais tenra idade.

do aluno. Procura- se favorecer um aprendizado profundo; isto ocorre quando o aprendiz sabe distinguir o relevante do irrelevante, combina as habilidades motoras aquáticas com suficiência para resolver uma tarefa (competência aquática). Ao contrário do aprendizado aquático superficial, que seria aquele em que se limita a aprender técnicas específicas e só pode repeti-las ou usá-las em situações rotineiras.

O MAC procura tornar a aprendizagem útil, por isso precisa que o aprendiz tenha habilidades modulares e integradoras disponíveis para resolver problemas aquáticos.

Esta maneira de aprender torna possível que nos lembremos ao longo de nossas vidas. E como o aprendizado nasce da curiosidade inata do ser humano, das perguntas que não podemos responder e que queremos saber, esta metodologia pode fazer com que o aluno se sinta motivado. Aprender é equivalente a encontrar respostas, explorar, pesquisar e encontrar explicações que nos convençam. No MAC, o professor não ministra ou transmite o conteúdo (habilidade) ao aprendiz, mas encoraja o aluno a aprender como adquirir dito conteúdo, procurá-lo, descobri-lo. À medida que o aluno se torna capaz de adquirir o conteúdo, ele aprende. O professor se torna um facilitador, que buscará excitar, transmitir paixão pelo aprendizado, motivar, propor desafios, indicar caminhos, fazer perguntas e, acima de tudo, dar um feedback construtivo. O papel do professor aquático atual não é ensinar, mas garantir que as crianças aprendam, porque a aprendizagem não ocorre quando a informação é entregue, mas quando alguém começa a fazer algo útil com essa informação

Que formas de ensino um MAC usa?

Na busca pela competência aquática, o educador teria que dominar todas as formas possíveis de educação, com a intenção de poder recorrer a cada uma delas quando necessário. No entanto, com base na necessidade de descoberta pela criança, o MAC começará, sempre que a situação permitir, do ensino pela descoberta ao brincar ou jogar, despertando esta situação a motivação do aprendiz. Esta maneira de ensinar parte da pesquisa da criança em descobrir o conhecimento através de seu pensamento e raciocínio, graças às orientações oferecidas pelo professor. Consiste na apresentação à criança por parte do professor de pequenas incógnitas que devem ser resolvidas e que a motivarão para um conhecimento mais amplo. Seria aconselhável que a aquisição e melhora da competência aquática pudessem ser desenvolvidas em um contexto de grupo.

Para despertar a reflexão, estimular o pensamento e fazer a criança tirar suas próprias conclusões sobre o conteúdo desenvolvido, também são utilizadas as perguntas (interrogatório) para a criança. Mas, como o MAC busca alcançar alta participação e interesse das crianças, tenta desenvolver a capacidade de cooperação e habilidades físicas e mentais do participante, baseando-se em questões relacionadas às experiências e valores de vida da criança, de modo que também recorre às ações de vida. E nesta necessidade de criar curiosidade e interesse, com alguma tensão emocional, às vezes, o professor guia as crianças com sua voz e o faz em um espaço-tempo brincando com o simbolismo baseado em histórias de eventos reais ou não reais. Portanto, também é usada a narrativa através de histórias ou canções motoras aquáticas. Mas também haverá situações em que, devido à baixa complexidade da tarefa ou à impossibilidade de ensinar por descoberta, a demonstração terá que ser usada. Neste caso, a criança, após observação, tenta repetir os passos que viu como os entendeu. E na demonstração, o professor usa a explicação da maneira mais clara e simples possível. Nesta exposição, a criança, através de seu envolvimento interno, deve entender e assimilar o que o professor a expõe.

Como podemos ver, é baseado em uma maneira de ensinar que se concentra na busca da competência aquática por descoberta, mas que usa outras maneiras de ensinar para torná-la mais eficaz (Figura 3.1).

Fig. 3.1. Como ensinar com o MAC

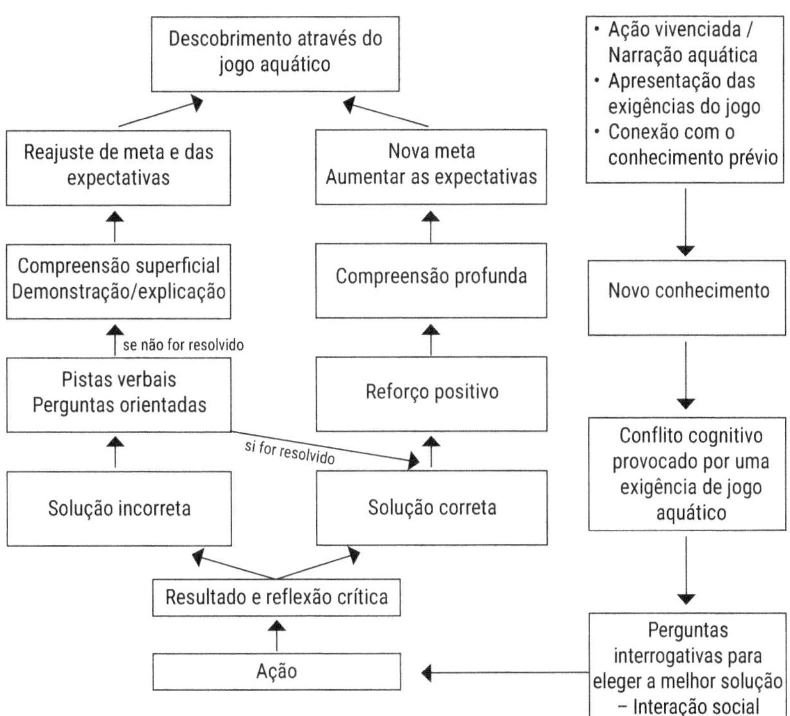

Fases do MAC
10 passos para uma metodologia aquática compreensiva

Todas as crianças chegam aos programas aquáticos com suas histórias particulares, não apenas aprendem com o conhecimento que têm, mas também são acompanhadas de suas crenças sobre sua competência aquática. Levando em consideração essas atitudes, os fatores que favorecem a aprendizagem devem ser promovidos e isso ocorre em três fases (Piaget, 1978):

Aprendizagem = Equilíbrio + Desequilíbrio + Reequilíbrio

O processo de equilíbrio explica a passagem de um estado de menor para um de maior conhecimento. As dificuldades que ocorrem no equilíbrio modificam o sistema, forçando-o a ser modificado e superado. O desenvolvimento destas três fases busca criar uma sequência de aprendizado, a partir de uma conexão com a situação em que o aprendiz chega, tentando obter o máximo possível de informações sobre sua competência aquática, logo seria gerado um conflito cognitivo, para que em seguida, graças à pesquisa prática da criança na água, uma nova solução para o problema proposto pudesse ser criada.

Em um MAC, o objetivo das atividades propostas não é tanto a transmissão de conhecimento, mas a implementação desse conhecimento para uma finalidade específica. E assim a sequência de aprendizado se torna tangível e real. São caracterizadas por considerar o aprendiz, não como um receptor passivo de informações, mas como um agente e construtor de conhecimento. Para construir este conhecimento, é necessário um envolvimento ativo e voluntário do participante. Para isso, são propostas as seguintes fases (Figura 3.2):

1. Detectar conhecimentos e competências previas.
2. Estabelecer objetivos para a competência aquática.
3. Ativar a atitude e vontade de aprender.
4. Educar a atenção.
5. Promover a compreensão.
6. Criar modelos mentais para extrair regras e princípios.
7. Ajudar o aprendiz a gerenciar seus conhecimentos.
8. Reajustar as metas e aumentar as expectativas.
9. Fazer com que o aprendiz sinta o progresso.
10. Avaliação formativa.

Figura 3.2. Fases do MAC

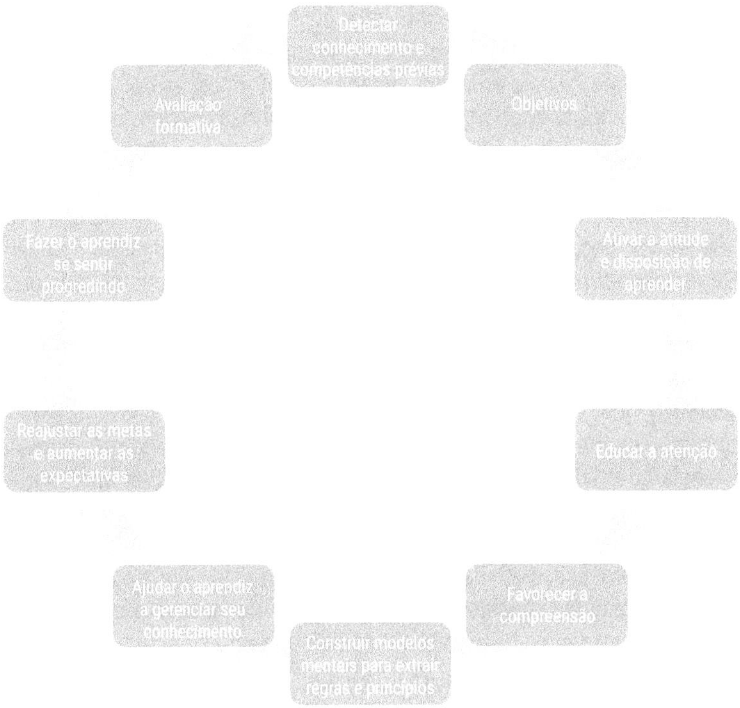

Fase 1. Detectar conhecimentos e competências previas

Consiste no diagnóstico prévio de competência aquática. Para o professor, é necessário levar em consideração os conhecimentos e competências prévias que os alunos possuem, pois é a partir deles que os novos objetivos serão estabelecidos. Neste caso, dificilmente podem entender ou executar um problema aquático complexo (combinação de várias habilidades motoras aquáticas, circuito aquático) se não tiverem entendido e vivenciado anteriormente o conceito de propulsão. Sob esta perspectiva, surge a necessidade de saber o que sabem ou dominam sobre conceitos que estão ligados a novos que serão objeto de ensino.

Existem várias maneiras de investigar conhecimentos anteriores, mas em relação à competência aquática, propomos duas: 1) perguntar ao aprendiz sobre seu nível de competência aquática e 2) propor a solução de uma situação problema na prática. Estas técnicas servem não apenas como diagnóstico, mas também permitem que os aprendizes ativem seus conhecimentos prévios e tomem consciência de suas ideias sobre o problema apresentado e ajustem sua percepção da realidade. Embora as respostas dos participantes a essas perguntas / problemas não sejam tão precisas quanto o esperado, não devem constituir um obstáculo, mas um veículo a partir do qual os novos conhecimentos e procedimentos serão construídos.

Em relação às técnicas para estabelecer conhecimentos anteriores, seria interessante ter em mente que o aprendiz pode ter uma ampla variedade de conhecimentos sobre competência aquática, variando de informações sobre fatos e eventos, experiências e histórias pessoais, atitudes, normas e valores, até conceitos, explicações, teorias e procedimentos aquáticos. Assim, por exemplo, o conhecimento que Maria (menina de 6 anos) tem sobre a competência aquática, inclui conhecimentos de diferentes tipos, como por exemplo, para ter uma boa competência aquática, precisa conhecer a propulsão, flutuação, respiração (conceitos), que dependendo do domínio que possui, pode fazer um determinado percurso na piscina (fatos), que se mover os braços e as pernas em coordenação, poderá se mover mais rápido (procedimentos), que na piscina não poderá pular, correr e quebrar o material (regras), que a competência é melhorada quando nos esforçamos (explicações), que gostamos de ir à praia para tomar banho quando faz calor (atitudes) e que um dia no rio assistiu quando a criança foi levada pela correnteza (experiência pessoal). O conhecimento de Maria, ou de qualquer aprendiz, pode incluir um número maior ou menor de elementos, dependendo da experiência e das informações a que tiveram acesso. Isto pode apresentar diferenças entre si, em termos do número de esquemas de conhecimento que os alunos apresentem. Isto teria que ser levado em consideração para um bom diagnóstico prévio.

O conhecimento prévio e as motivações do aprendiz marcarão os desafios e o comprometimento dele mesmo, de modo que o diagnóstico inicial será a base para o desenho do grau de dificuldade da tarefa. Em outro capítulo deste trabalho, são apresentados exemplos para detectar o possível conhecimento prévio do participante.

Um exemplo de questionário para consultar as expectativas prévias dos pais é encontrado na Fig. 3.2. Também as experiências anteriores (Fig. 3.3) de um grupo de estudantes de 5 a 11 anos de idade são encontradas no estudo de Moreno (2005a). Após a análise dos resultados, as principais conclusões obtidas da amostra analisada foram as seguintes:

- À medida que se avança na idade, são considerados com um nível superior de prática.

- Quase todas as crianças analisadas não tinham medo de água.

- As meninas mostraram menos medo de água do que os meninos.

- Relacionando a percepção do aluno sobre seu nível de prática de acordo com o medo da água, há uma clara relação entre os baixos níveis de competência aquática e aqueles que estavam com medo.

- Aqueles que não tinham medo da água preferiam a realização das aulas de educação física na piscina em maior proporção do que aqueles que tinham medo.

- Somente 3 em cada 10 crianças tinham experiência anterior em cursos de iniciação.
- As crianças que não tiveram nenhuma experiência no ambiente aquático mostraram mais medo em prática no mesmo
- 3 de cada 10 alunos tiveram alguma experiência desagradável no ambiente aquático.
- 9 de cada 10 crianças se banhavam em piscinas com seus pais no verão.
- Aqueles que tinham medo da água se banhavam menos em piscinas com seus pais no verão do que aqueles que não tinham medo.
- Aqueles que já tiveram alguma experiência desagradável na água se banhavam mais com os pais do que aqueles que não tiveram nenhuma experiência desagradável.
- 7 em cada 10 alunos desfrutavam sempre de práticas aquáticas.
- Os meninos desfrutavam mais do que as meninas das práticas aquáticas.
- As crianças que não se banhavam nas piscinas com seus pais no verão, eram as que mais desfrutavam as práticas aquáticas.
- 8 em cada 10 alunos que sempre desfrutavam de práticas aquáticas continuariam a frequentar a piscina.
- Aqueles alunos que não tiveram experiências desagradáveis na água, desfrutavam mais de práticas aquáticas do que aqueles que tiveram experiências desagradáveis.
- Aqueles que não tinham medo da água desfrutavam mais de práticas aquáticas do que aqueles que tinham medo.
- Aqueles alunos que tiveram alguma experiência anterior desfrutavam mais das práticas aquáticas do que aqueles que não tiveram nenhuma.
- Aqueles alunos cuja experiência aquática estava baseada no banho na praia, rio, etc. desfrutavam mais das práticas aquáticas do que aqueles cuja experiência havia sido em cursos de verão.
- Os alunos que sentiam que seu nível de prática era alto desfrutavam mais da prática aquática.
- Aqueles alunos que sempre gostaram das práticas aquáticas frequentavam os programas aquáticos principalmente porque gostavam deles. Enquanto aqueles que não gostavam o faziam principalmente porque o médico havia indicado.
- 9 em cada 10 estudantes preferiam atividades aquáticas, mesmo havendo tido alguma experiência desagradável, sendo maioria as meninas nesta preferência.
- 9 em cada 10 alunos continuariam a praticar livremente no ambiente aquático.

Figura 3.3. Questionário de expectativas prévias dos pais

1. **Idade**

   Pai   Mãe

2. **Pratica no meio aquático no inverno? (piscina coberta)?**

   Pai   *Mãe*
   não ☐ sim ☐   não☐ sim ☐

3. **Pratica no meio aquático no verão? (piscina ao ar livre)?**

   Pai   *Mãe*
   não☐ sim ☐   não☐ sim ☐

4. **Gosta banhar-se na praia, piscina, rio, etc.?**

   Pai   *Mãe*
   não☐ sim ☐   não☐ sim ☐

5. **Teve alguma experiencia desagradável na água?**

   Pai   *Mãe*
   não☐ sim ☐   não☐ sim ☐

   Quais

6. **Tem medo de água?**

   Pai   *Mãe*
   não☐ sim ☐   não☐ sim ☐

7. **Qual é seu nível de prática aquática?**

	Pai	Mãe
Não sei nadar	☐	☐
Principiante	☐	☐
Avançado	☐	☐
Especialista	☐	☐

8. **Que experiência aquática teve antes deste curso?**

	Pai	*Mãe*
Nunca	☐	☐
Em cursos de verão	☐	☐
Em praia, rio, etc.	☐	☐

9. **Gosta das práticas aquáticas?**

	Pai	*Mãe*
Sempre	☐	☐
Algumas vezes	☐	☐
Nunca	☐	☐

10. **Pratica alguma atividade física ou desporte(s)?**

    Pai   *Mãe*
    não ☐ sim ☐   não☐ sim ☐

    Quais

11. **Você sabe o que seu filho faz na piscina?**

    não ☐   sim ☐

    Através do que você soube?

12. **O que você mais gosta que seu filho(a) faz na piscina**

13. **E o que menos gosta?**

14. **Consideram que seu filho(a) está com bons professores na piscina**

    não ☐   sim ☐

15. **Foram ver seu filho(a) na piscina algum dia?**

    não ☐   sim ☐

    Por que motivo?

16. **É importante que seu filho(a) apren-da a nadar?**

    não ☐   sim ☐

17. **Consideram importante que as atividades aquáticas sejam parte da Educação Física na escola?**

    não ☐   sim ☐

18. **Gostaria que seu filho frequentasse a piscina durante o horário de Educação Física todos os anos?**

    não ☐   sim ☐

Figura 3.4. Questionário de expectativas prévias em crianças (Moreno, 2005a)

1. Idade	12. O que mais gosta de fazer na piscina?
2. Gênero Menino ☐ menina ☐	
3. Ciclo Infantil Primaria Primeiro ☐ Quarto ☐ Segundo ☐ Quinto ☐ Terceiro ☐ Sexto ☐	13. E o que menos gosta?
	14. Você teria liberdade de comparecer ou não à piscina. Você continuaria a participar? não ☐ sim ☐ Por quê?
4. Tipo de escola Publica ☐ Privada ☐	
5. Dias da semana que frequenta a piscina? Segunda ☐ Sexta ☐ Terça ☐ Sábado ☐ Quarta ☐ Domingo ☐ Quinta ☐ ☐	15. Que outros desportes praticas?
	16. Por que vai a piscina? Porque gosta ☐ Por indicação dos meus pais ☐ Porque vão meus amigos ☐ Porque é parte da E. F. ☐ Por indicação médica ☐
6. Hora do dia	
7. Qual é o seu nível de prática aquática Não sei nadar ☐ Avançado ☐ Principiante ☐ Especialista ☐	
	17. Gosta das práticas aquáticas? Sempre ☐ Algumas vezes ☐ Nunca ☐
8. Qual experiencia aquática teve antes deste curso? Em curso de verão ☐ Na praia, rio, etc. ☐ Nunca praticou antes ☐	
	18. Onde gosta mais de realizar a aula de Educação Física? No pátio ☐ No ginásio ☐ Na piscina ☐
9. Teve alguma experiencia desagradável na água antes deste curso? não ☐ sim ☐ Quais	
	19. Considera importante que as atividades aquáticas sejam parte da Educação Física? não ☐ sim ☐
10. Tem medo de água? não ☐ sim ☐	
11. No verão te banhas com seus pais na praia, rio, piscina etc? não ☐ sim ☐	20. Você gostaria de fazer as aulas de Educação Física na piscina todos os anos? não ☐ sim ☐

Fase 2. Estabelecer objetivos para a competência aquática

É necessário propor objetivos de aprendizagem que possam ser alcançados, e para isso deve ser estabelecido um clima pedagógico em que o aluno tenha confiança em si mesmo e naquilo que pode fazer, o que lhe permitirá ser capaz de lidar com as diferentes tarefas que o ambiente aquático apresente. Deste modo, o educador terá que projetar objetivos de aprendizado em grau de dificuldade acessíveis ao aluno, acreditando nas possibilidades dele. Porém, antes de aprender, os objetivos apresentados devem permitir que o aprendiz entenda o que é proposto. Adquirir uma compreensão profunda do conteúdo leva tempo, por isso é necessário que o aprendiz venha adquirindo conhecimentos básicos sólidos e motivando-o a continuar aprofundando-os com a prática adequada. Portanto, o ideal seria partir de objetivos muito básicos da competência aquática e avançar progressivamente em direção a objetivos de maior complexidade na busca de problemas da competência aquática.

Para projetar os objetivos de aprendizagem, as diferenças individuais que os alunos têm em termos de estratégias, capacidades e perspectivas em relação à aprendizagem também devem ser levadas em consideração. Os resultados da aprendizagem são melhores quando as diferenças linguísticas, culturais e sociais são levadas em consideração. Por outro lado, estabelecer níveis adequados nos desafios e avaliar o aluno e seu progresso são partes integrantes do processo de aprendizagem, o que permitirá que os objetivos sejam reajustados. Na mesma ordem de fatores, o desenvolvimento evolutivo em cada criança justifica as diferentes oportunidades e limitações para o aprendizado. É mais eficaz quando os diferentes níveis de desenvolvimento são levados em consideração. E não podemos esquecer o importante papel que a influência social desempenha na aprendizagem. Interação social, relacionamento interpessoal e comunicação afetam o aprendizado.

Os objetivos, adaptados a cada nível dos alunos, permitirão alcançar o que se propõe no ambiente aquático, fazendo o que gosta e ama, levando em consideração outros aspectos que o cercam como ser humano nos aspectos moral, emocional, social, intelectual, profissional e, é claro, com seu entorno. Para o MAC, é o primeiro passo para a competência aquática.

Como exemplo para o possível estabelecimento dos objetivos da competência aquática, a evolução de algumas habilidades é mostrada abaixo durante um ano letivo em que os alunos frequentaram a piscina um dia por semana durante 10 meses (setembro-junho) seguindo o MAC. Utilizando os instrumentos de Moreno (2005b), dos 3 aos 8 anos, foram realizadas três medições em três momentos diferentes do curso (início, meio e fim) e, dos 9 aos 11 anos duas medições, verificando em cada uma se a habilidade era cumprida ou não.

Os níveis de competência aquática mostrados no capítulo anterior também podem ser usados como referência para a definição dos objetivos.

Quadro 3.1 Distribuição percentual do momento da aquisição da competência aquática aos 3 anos

	(%)	(%)	(%)	(%)
Familiarização com o meio	Inicio	Meio	Final	Não
Desce a escada até a água sem nenhum problema	51,0	10,2	38,8	-
Não chora diante da água	53,1	8,2	36,7	2,0
Entra na água sentado na beira	40,8	12,2	30,6	16,3
Tem medo de pular na água	14,3	6,1	10,2	69,4
Equilíbrios	Inicio	Meio	Final	Não
Move-se agarrado à borda	49,0	10,2	30,6	10,2
Coloca o rosto na água	20,4	22,4	24,5	32,7
Fica completamente submerso preso na borda em apneia inspiratória	10,2	8,2	14,3	67,3
Pega uma argola no fundo em uma piscina rasa	-	-	-	100,0
Realiza uma expiração subaquática	16,3	12,2	4,1	67,3
Mantém a flutuação dorsal com ajuda	6,1	4,1	8,2	81,6
Mantém a flutuação ventral com ajuda	4,1	4,1	-	91,8
Deslocamentos	Inicio	Meio	Final	Não
É capaz de se mover com flutuadores nas mãos	8,2	38,8	32,7	20,4
É capaz de se mover em uma piscina profunda sem a ajuda de material	4,1	-	2,0	93,9
Com impulso na parede, desliza em decúbito dorsal	6,1	-	-	93,9
Com impulso na parede desliza em decúbito ventral	6,1	-	-	93,9
Giros	Inicio	Meio	Final	Não
Recolhe objetos na piscina profunda com ajuda de material	26,5	16,3	40,8	16,3
Recolhe objetos em uma piscina profunda sem a ajuda de material	2,0	-	2,0	95,9
Manipulações	Inicio	Meio	Final	Não
É capaz de coletar objetos de tamanhos diferentes e levá-los até a borda	32,7	16,3	26,5	24,5
Não tem problemas para se mover com objetos nas mãos	32,7	14,3	26,5	26,5

Quadro 3.2 Distribuição percentual no momento da aquisição
da competência aquática aos 4 anos

Familiarização com meio	(%) Inicio	(%) Meio	(%) Final	(%) Não
Desce a escada até a água sem nenhum problema	72,0	12,0	10,0	6,0
Não chora diante da água	76,0	8,0	10,0	6,0
Entre na água sentado na beira	74,0	10,0	8,0	8,0
Tem medo de pular na água	34,0	24,0	2,0	40,0
Equilíbrios	Inicio	Meio	Final	Não
Move-se agarrado à borda	76,0	8,0	10,0	6,0
Coloca o rosto dentro da água	54,0	22,0	8,0	16,0
Fica completamente submerso preso na borda em apneia inspiratória	30,0	28,0	4,0	38,0
Pega uma argola no fundo em uma piscina rasa	-	-	-	100,0
Realiza uma expiração subaquática	22,0	28,0	4,0	46,0
Mantém a flutuação dorsal com ajuda	24,0	30,0	12,0	34,0
Mantém a flutuação ventral com ajuda	2,0	24,0	8,0	66,0
Deslocamentos	Inicio	Meio	Final	Não
É capaz de se mover com flutuadores nas mãos	34,0	42,0	10,0	14,0
É capaz de se mover em uma piscina profunda sem a ajuda de material	6,0	16,0	2,0	76,0
Com impulso na parede, desliza em decúbito dorsal	16,0	10,0	2,0	72,0
Com impulso na parede desliza em decúbito ventral	10,0	2,0	2,0	86,0
Giros	Inicio	Meio	Final	Não
Recolhe objetos em uma piscina profunda com a ajuda de material	66,0	12,0	8,0	14,0
Recolhe objetos em uma piscina profunda sem a ajuda de material	8,0	4,0	2,0	86,0
Manipulações	Inicio	Meio	Final	Não
É capaz de coletar objetos de tamanhos diferentes e levá-los até a borda	56,0	16,0	10,0	18,0
Não tem problemas para se mover com objetos nas mãos	54,0	20,0	10,0	16,0

Quadro 3.3 Distribuição percentual do momento da aquisição da competência aquática aos 5 anos

	(%)	(%)	(%)	(%)
Familiarização com o meio	Inicio	Meio	Final	Não
Desce a escada até a água sem nenhum problema	66,1	21,4	12,5	-
Não chora diante da água	66,1	21,4	12,5	-
Entre na água sentado na beira	66,1	21,4	12,5	-
Tem medo de pular na água	32,1	21,4	19,6	26,8
Equilíbrios	Inicio	Meio	Final	Não
Move-se agarrado à borda	64,3	23,2	12,5	-
Coloca o rosto dentro da água	55,4	25,0	14,3	5,4
Fica completamente submerso preso na borda em apneia inspiratória	44,6	28,6	8,9	17,9
Pega uma argola no fundo em uma piscina rasa	7,1		10,7	82,1
Realiza uma expiração subaquática	25,0	26,8	21,4	26,8
Mantém a flutuação dorsal com ajuda	51,8	23,2	8,9	16,1
Mantém a flutuação ventral com ajuda	35,7	28,6	10,7	25,0
Deslocamentos	Inicio	Meio	Final	Não
É capaz de se mover com flutuadores nas mãos	44,6	32,1	16,1	7,1
É capaz de se mover em uma piscina profunda sem a ajuda de material	16,1	25,0	25,0	33,9
Com impulso na parede, desliza em decúbito dorsal	21,4	17,9	33,9	26,8
Com impulso na parede desliza em decúbito ventral	12,5	17,9	28,6	41,1
Giros	Inicio	Mitad	Final	No
Recolhe objetos em uma piscina profunda com a ajuda de material	53,6	33,9	10,7	1,8
Recolhe objetos em uma piscina profunda sem a ajuda de material	12,5	16,1	23,2	48,2
Manipulações	Inicio	Meio	Final	Não
É capaz de coletar objetos de tamanhos diferentes e levá-los até a borda	64,3	21,4	12,5	1,8
Não tem problemas para se mover com objetos nas mãos	64,3	23,2	12,5	-

Quadro 3.4. Distribuição percentual do momento da aquisição
da competência aquática aos 6 anos

	(%)	(%)	(%)	(%)
Familiarização com o meio	Inicio	Meio	Final	Não
É capaz de brincar na piscina rasa	94,1	5,9	-	-
Move-se na piscina profunda agarrada à borda com uma mão	94,1	5,9	-	-
Se joga na água da borda da piscina	88,2	11,8	-	-
Equilíbrios	Inicio	Meio	Final	Não
Fica completamente submerso sem segurar em nada em apneia.	88,2	11,8		-
Pega uma argola no fundo em uma piscina rasa	47,1	17,6	23,5	11,8
É capaz de expelir o ar várias vezes dentro da água	88,2	5,9	-	5,9
Mantém a flutuação dorsal variando os segmentos do corpo	88,2	5,9	-	5,9
Mantém a flutuação ventral variando os segmentos do corpo	82,4	5,9	-	11,8
É capaz de flutuar na posição medusa	88,2		-	11,8
Deslocamentos	Inicio	Meio	Final	Não
Brinca na piscina profunda	88,2	11,8	-	-
É capaz de se mover em uma piscina profunda sem a ajuda de material	82,4	11,8	-	5,9
Avança se impulsionando independentemente com os pés e com os braços	88,2	11,8	-	-
Giros	Inicio	Meio	Final	Não
É capaz de dar uma cambalhota para frente em piscina poco profunda	35,3	5,9	11,8	47,1
Recolhe objetos em piscina profunda sem ajuda de material	76,5	5,9	-	17,6
Manipulações	Inicio	Meio	Final	Não
Recolhe objetos de tamanhos diferentes e os troca com os seus amigos	94,1	5,9	-	-

Quadro 3.5 Distribuição percentual do momento da aquisição
da competência aquática aos 7 anos

	(%)	(%)	(%)	(%)
Familiarização com o meio	Inicio	Meio	Final	Não
É capaz de brincar na piscina rasa	83,1	3,1	12,3	1,5
Move-se na piscina profunda agarrada à borda com uma mão	80,0	4,6	12,3	3,1
Se joga na água da borda da piscina	81,5	3,1	9,2	6,2
Equilíbrios	Inicio	Meio	Final	Não
Fica completamente submerso sem segurar em nada em apneia.	84,6	1,5	10,8	3,1
Pega uma argola no fundo em uma piscina rasa	36,9	6,2	9,2	47,7
É capaz de expelir o ar várias vezes dentro da água	84,6	1,5	6,2	7,7
Mantém a flutuação dorsal variando os segmentos do corpo	81,5	3,1	4,6	10,8
Mantém a flutuação ventral variando os segmentos do corpo	73,8	9,2	4,6	12,3
É capaz de flutuar na posição medusa	58,5	7,7	6,2	27,7
Deslocamentos	Inicio	Meio	Final	Não
Brinca na piscina profunda	84,6	-	9,2	6,2
É capaz de se mover em uma piscina profunda sem a ajuda de material	66,2	7,7	10,8	15,4
Avança se impulsionando independentemente com os pés e com os braços	83,1	1,5	9,2	6,2
Giros	Inicio	Meio	Final	Não
É capaz de dar uma cambalhota para frente em piscina poco profunda	35,4	6,2	4,6	53,8
Recolhe objetos em piscina profunda sem ajuda de material	47,7	6,2	13,8	32,3
Manipulações	Inicio	Meio	Final	Não
Recolhe objetos de tamanhos diferentes e os troca com os seus amigos	73,8	3,1	4,6	18,5

Quadro 3.6 Distribuição percentual do momento da aquisição
da competência aquática aos 8 anos

	(%)	(%)	(%)	(%)
Familiarização com o meio	Inicio	Meio	Final	Não
É capaz de brincar em uma piscina profunda	75,0	7,7	3,8	13,5
Equilíbrios	Inicio	Meio	Final	Não
Desce até o fundo da piscina se segurando e permanece por 2 segundos	88,5	5,8	1,9	3,8
Pega uma argola em uma piscina profunda (Aproximadamente 1,60 m)	57,7	5,8	5,8	30,8
É capaz de brincar com os ritmos respiratórios (inspiração, expiração e apneia)	67,3	13,5	3,8	15,4
É capaz de flutuar variando posições continuamente	67,3	11,5	1,9	19,2
Afunda progressivamente na flutuação tipo medusa	57,7	15,4	1,9	25,0
Deslocamentos	Inicio	Meio	Final	Não
Brinca na piscina profunda com os colegas	69,2	9,6	1,9	19,2
É capaz de se mover em piscina profunda sem ajuda material	69,2	7,7	5,8	17,3
Avança se impulsionando independentemente com os membros	69,2	5,8	5,8	19,2
Giros	Inicio	Meio	Final	Não
É capaz de dar cambalhotas para frente e para trás	38,5	17,3	1,9	42,3
É capaz de girar longitudinalmente através de um flutuador	69,2	15,4	3,8	11,5
Pode realizar percursos subaquáticos com facilidade	55,8	9,6	1,9	32,7
Manipulações	Inicio	Meio	Final	Não
Brinca passando objetos com os colegas em piscina profunda	65,4	7,7	5,8	21,2
Manuseia qualquer material ambilateralmente	67,3	5,8	3,8	23,1

Quadro 3.7 Distribuição percentual do momento da aquisição da competência aquática aos 9 anos

	(%)	(%)	(%)
Familiarização com o meio	Inicio	Final	Não
É capaz de brincar em uma piscina profunda	92,3	3,8	3,8
Equilíbrios	Inicio	Final	Não
Desce até o fundo da piscina se segurando e permanece por 2 segundos	100,0	-	-
Pega uma argola no fundo em uma piscina profunda (Aproximadamente 1,60 m)	71,2	15,4	13,5
É capaz de brincar com os ritmos respiratórios (inspiração, expiração e apneia)	88,5	11,5	
É capaz de flutuar variando posições continuamente	80,8	15,4	3,8
Afunda progressivamente na flutuação tipo medusa	78,8	15,4	5,8
Deslocamentos	Inicio	Final	Não
Brinca na piscina profunda com os colegas	86,5	9,6	3,8
É capaz de se mover em piscina profunda sem ajuda de material	90,4	7,7	1,9
Avança se impulsionando independentemente com os membros	84,6	11,5	3,8
Giros	Inicio	Final	Não
É capaz de dar cambalhotas para frente e para trás	59,6	7,7	32,7
É capaz de girar longitudinalmente através de um flutuador	92,3	7,7	
Pode realizar percursos subaquáticos com facilidade	69,2	9,6	21,2
Manipulações	Inicio	Final	Não
Brinca passando objetos com os colegas em piscina profunda	90,4	7,7	1,9
Manuseia qualquer material ambilateralmente	88,5	5,8	5,8

Quadro 3.8 Distribuição percentual do momento da aquisição
da competência aquática aos 10 anos

	(%)	(%)	(%)
Familiarização com o meio	Inicio	Final	Não
Recolhe vários argolas no fundo em uma piscina profunda (1,80 m aprox.)	81,1	5,7	13,2
Brinca continuamente com flutuações e respirações	90,6	1,9	7,5
Consegue um equilíbrio aquático após saltos de várias posições	92,5	1,9	5,7
Flutua por pelo menos 10 segundos	86,8	5,7	7,5
Deslocamentos	Inicio	Final	Não
Brinca em uma piscina profunda em colaboração com os colegas	92,5	1,9	5,7
É capaz de se mover em uma piscina profunda sem a ajuda de material (15 m.)	90,6	5,7	3,8
Avança de forma coordenada se impulsionando com os membros	92,5	3,8	3,8
Permanece na superfície com calma e com um leve movimento de pernas	90,6	5,7	3,8
Resolve os problemas apresentados com criatividade	92,5	1,9	5,7
Giros	Inicio	Final	Não
É capaz de girar combinando vários eixos	77,4	1,9	20,8
Consegue fazer percursos subaquáticos com facilidade e sem suportes	84,9	5,7	9,4
Manipulações	Inicio	Final	Não
Brinca passando objetos com os colegas na piscina de imersão profunda	90,6	1,9	7,5
É capaz de realizar lançamentos em várias direções na piscina profunda	90,6	3,8	5,7

Quadro 3.9 Distribuição percentual do momento da aquisição da competência aquática aos 11 anos

	(%)	(%)	(%)
Familiarização com o meio	Inicio	Final	Não
Recolhe várias argolas no fundo em uma piscina profunda (1,80 m aprox.)	89,1	5,5	5,5
Brinca continuamente com flutuações e respirações	94,5	3,6	1,8
Consegue um equilíbrio aquático após saltos de várias posições	94,5	5,5	-
Flutua por pelo menos 10 segundos	94,5	3,6	1,8
Deslocamentos	Inicio	Final	Não
Brinca em uma piscina profunda em colaboração com os colegas	96,4	3,6	-
É capaz de se mover em uma piscina profunda sem a ajuda de material (15 m.)	94,5	5,5	-
Avança de forma coordenada se impulsionando com os membros	92,7	5,5	1,8
Permanece na superfície com calma e com um leve movimento de pernas	92,7	3,6	3,6
Resolve os problemas apresentados com criatividade	94,5	1,8	3,6
Giros	Inicio	Final	Não
É capaz de girar combinando vários eixos	87,3	3,6	9,1
Consegue fazer percursos subaquáticos com facilidade e sem suportes	94,5	1,8	3,6
Manipulações	Inicio	Final	Não
Brinca passando objetos com os colegas na piscina de imersão profunda	92,7	3,6	3,6
É capaz de realizar lançamentos em várias direções na piscina profunda	94,5	3,6	1,8

Fase 3. Ativar a atitude e disposição para aprender

O MAC parte do princípio de que a solução para o problema é obtida graças à investigação do aprendiz sobre a possível resolução deste problema. Tentar resolver um problema antes que a solução seja ensinada leva a um aprendizado melhor, mesmo que ocorram erros durante a tentativa. Contemple o fracasso como um mérito para o esforço e uma fonte útil de informação: a necessidade de aprofundar ou tentar uma estratégia diferente. Cometer erros e corrigi-los cria pontes para uma melhor competência aquática. Portanto, o MAC considera a falha como parte do processo de aprendizado, do esforço realizado e como uma maneira de obter dados interessantes.

Com esta metodologia, o aluno deve direcionar seu próprio aprendizado e se comprometer com ele. Para que este tipo de aprendizado ocorra, deve haver uma participação do aluno. Uma maneira fácil de conseguir isso seria tentar ativar o conhecimento anterior que o praticante tem da tarefa que abordará. Isto pode ser feito com perguntas ou através de alguma técnica ou atividade simples. Por exemplo, estabelecendo conexões entre o conteúdo novo e o que já sabem e com o que fizeram nesta ou em outras classes. Isto dará coerência à tarefa proposta e seu conteúdo. Também é recomendável fazer conexões com uma experiência em sala de aula ou com alguém em particular. Esclarecer a importância de aprender este conteúdo e mostrar a sua aplicabilidade pode ativar o aluno. Outra maneira de gerar sua ativação é despertando sua curiosidade. Sua curiosidade não será despertada se esperamos que façam todo o trabalho, precisamos mostrar um exemplo inicial do que desejamos que eles aprendam e garantir que essa seja a parte mais atraente. Também é aconselhável não repetir a mesma atividade, por mais atraente que seja, até que fiquem cansados. Temos que ter a capacidade, como professor, de cortá-la antes e deixá-los com a ilusão de querer continuar aprendendo. Outra maneira de gerar sua ativação é garantir que o que se pretende ensinar, ou a forma como é apresentado, represente um desafio. Coisas fáceis demais não são atraentes para crianças ou adultos.

A atitude é essencial para a aprendizagem, pois se torna a motivação para aprender. Portanto, propõe-se partir de um problema (fazer perguntas, surpreender, encontrar consequências, gerar curiosidade etc.) para que o conhecimento avance progressivamente após esse desequilíbrio cognitivo. Isto pode ser alcançado gerando uma situação de aprendizado que parte de um problema escolhido pelo professor com a intenção de provocar o aprendizado.

Nesta abordagem, as seguintes diretrizes são recomendadas:

- Ambientes que impliquem um desafio para o aprendizado, tentando propor tarefas autênticas. Considera-se que uma tarefa é autêntica quando o exposto tem uma certa relação com o que acontece no cotidiano, que existe uma adaptação correta da pergunta feita à tarefa proposta e que há concordância das informações oferecidas com o problema proposto

Aprender observando os outros.

Quando as coisas não saem bem, paciência!

(por exemplo, "imagine que está na praia e precisa ajudar seu irmão, que está longe de você, a subir em um tapete flutuante e no caminho há muitas pessoas, flutuadores, etc.").

- Negocie, tanto quanto possível com o aprendiz, a responsabilidade compartilhada como parte do aprendizado (no exemplo anterior, pergunte se precisam de mudanças no circuito para finalizá-lo).

- Várias representações do conteúdo (por exemplo, alterando o caminho do circuito).

- Compreensão de que o conhecimento é desenvolvido (por exemplo, construindo o circuito auxiliado pelas propostas dos alunos).

- Instrução centrada no aluno (por exemplo, na realização do circuito, o aluno pode ter a oportunidade de, em alguns pontos, haver várias maneiras de superá-los, de menos a mais difícil, e o aluno decidir qual usar).

- Nesse ambiente, o professor apresentaria uma situação problemática ou uma pergunta desconcertante aos aprendizes para formular hipóteses que tentassem explicar a situação ou resolver o problema (por exemplo, "como podem superar os obstáculos do circuito colocado na água até chegar ao seu irmão?").

Para ativar a atitude de aprender, é aconselhável criar um conflito cognitivo no aluno para gerar o motivo. Portanto, seria interessante para o educador aquático com um MAC pedir ao aluno que fizesse perguntas (questionamento elaborado e auto explicação) durante as tarefas de aprendizagem que lhe permitissem explicar e refletir sobre o que está fazendo, que são definitivamente formas de se envolver no aprendizado e promover sua metacognição.

O interrogatório elaborativo consiste em fazer perguntas sobre os fatos a que a tarefa que está sendo realizada se refere, integrando as novas informações ao conhecimento prévio. Tentar responder à pergunta pode gerar novas perguntas que ajudarão a aprofundar e refletir sobre o assunto, garantindo maior retenção e entendimento do assunto (por exemplo, após uma experiência prática de propulsão "por que demora mais para chegar ao final do flutuador com propulsão de pernas que com a de braços?"), integrando as novas informações com o conhecimento prévio ("por que combinando braços e pernas chega mais rápido?, etc.").

A auto explicação consiste em expor-se, como a tarefa executada está relacionada ao que já é conhecido, estar ciente de como o pensamento está se desenvolvendo. Além disso, o educador aquático pode ajudar na reflexão se adicionar um feedback positivo, um comentário etc. Isto ocorre porque, quando nos pedem para refletir sobre uma tarefa específica, estamos mais conscientes disso após um determinado tempo do que imediatamente depois. Por isso, sugerimos incluir pausas durante a prática para refletir sobre o aprendizado em si (por exemplo, o aluno pode se perguntar quando está descansando, para responder perguntas do tipo: que informações sobre o que acabo de realizar eu já sabia?, qual é a informação nova?, o que preciso saber para resolver o problema? ... e, a partir delas, gerar suas próprias explicações). Também propomos o uso de palavras-chave para reforçar a conscientização do aprendizado do aluno (por exemplo, Eureka, alcançado!).

De acordo com a metodologia de Bloom (1956), existem seis níveis de desenvolvimento de perguntas:

- Conhecimento. Pedimos à criança que lembre as informações.

- Compreensão. A criança deve classificar o conhecimento mentalmente.

- Aplicação da informação. Precisa aprender a aplicar as informações que foram fornecidas anteriormente a diferentes situações.

- Análise. A criança divide o todo em suas partes e pode resolver problemas a partir do conhecimento adquirido.

- Síntese. Pedimos à criança para sintetizar o problema e resolvê-lo da maneira mais apropriada, do seu ponto de vista.

- Avaliação. A criança é solicitada a emitir um julgamento em relação a uma atividade realizada.

Os professores que usam esta metodologia devem conseguir com que seus praticantes sejam cientes dos processos mentais que realizam para aprender, pois quanto melhor entendam seu conhecimento e as estratégias que usam para realizar este conhecimento, melhor e mais eficaz será seu aprendizado e não atribuirá seu fracasso ou seu sucesso ao acaso ou a boa ou má sorte. Segundo Zakhartchouk (2015), várias condições poderiam ser oferecidas aos aprendizes para praticá-lo no ambiente aquático:

- Fazer com que os aprendizes pratiquem tarefas relativamente simples, onde a atenção não está focada no sucesso do exercício.

- Criar um clima de confiança e aceitação de possíveis erros, para que os alunos se sintam qualificados para discutir suas dificuldades, seus erros, e não se sintam obrigados a manter um discurso acordado para agradar ao professor.

- Fazer perguntas sobre "como" em vez de "por que" para tranquilizar os alunos sobre sua abordagem.

Exemplos de perguntas para aprender a aprender (metacognição):

- Como você fez isso? Onde você começou? Você prosseguiu em etapas?

- O que o surpreendeu nessa atividade? O que o deixou tranquilo?

- O que ajudou você a ter sucesso nessa atividade?

- Que dificuldades você encontrou e como as enfrentou?

- Do que você sentiu falta?

- Esta atividade se assemelha a outras que você já fez? Quais?
- O que você acha que aprendeu fazendo esta tarefa?
- O que você vai mudar para a próxima vez depois de pensar em tudo isto?

Poderíamos indicar que as perguntas servem para ativar o conhecimento prévio, para envolver e reforçar a participação, resumir, enfatizar, concluir e estimular a discussão, provocando um pensamento crítico e criativo. Entre os tipos de perguntas estão as diretas (para respostas concretas), as teóricas (que estimulam o pensamento e não exigem uma resposta específica) e as abertas (não têm resposta correta, buscam a opinião e estimulam a discussão). E seria muito aconselhável que as perguntas sejam o mais afetivas quanto possível, buscando serem compreensíveis e significativas, que representem um desafio, que estimule o pensamento, que busquem respostas simples, que exijam um exemplo que esclareça, que antecipem, prevejam, enfim, que ajudem a conectar ideias.

Fase 4. Educar a atenção

Após ativar a atitude de aprender, o professor pode incentivar a exploração. Os estudos de neuroimagem confirmaram que a atenção não é um processo cerebral único, uma vez que existem redes de atenção diferentes que envolvem circuitos neuronais específicos, regiões cerebrais e neurotransmissores, e que seguem diferentes processos de desenvolvimento. Esta rede de alerta (atenção executiva) permite ao aprendiz alcançar e manter um estado de ativação, como quando o aprendiz se surpreende com a pergunta provocativa do educador aquático ou com a inclusão de um novo material na piscina.

Isto é muito importante porque sabemos que, quando a novidade é incrementada, o diferente, o que causa mais curiosidade, aumenta a ativação das regiões do cérebro cujos neurônios sintetizam e liberam dopamina, melhorando a atividade do hipocampo e facilitando o aprendizado. Isto permite focar a atenção voluntariamente, inibindo estímulos irrelevantes, como quando o aprendiz está concentrado tentando resolver um circuito aquático. Por ser um recurso muito limitado, crianças e adolescentes não conseguem focar a atenção por períodos prolongados; portanto, pode ser útil dividir o tempo utilizado nas aulas em blocos de 10 ou 15 minutos, no máximo, com as respectivas pausas ativas.

A atenção está relacionada à motivação e interesse do aprendiz, de modo que despertar a motivação é um recurso pedagógico essencial em qualquer processo de aprendizagem. Isto será alcançado com o treinamento do aprendiz a participar. Atitude é algo que é adquirido e é importante incentivar a atitude de crescimento no aluno. Este tipo de atitude tem a convicção de que a inteligência depende do exercício e, portanto, pode melhorar ou piorar. Muito relacionado à atitude está a motivação.

Diferentes estudos sobre fatores motivacionais e afetivos na educação mostram que a motivação influencia a aprendizagem. O estado emocional da pes-

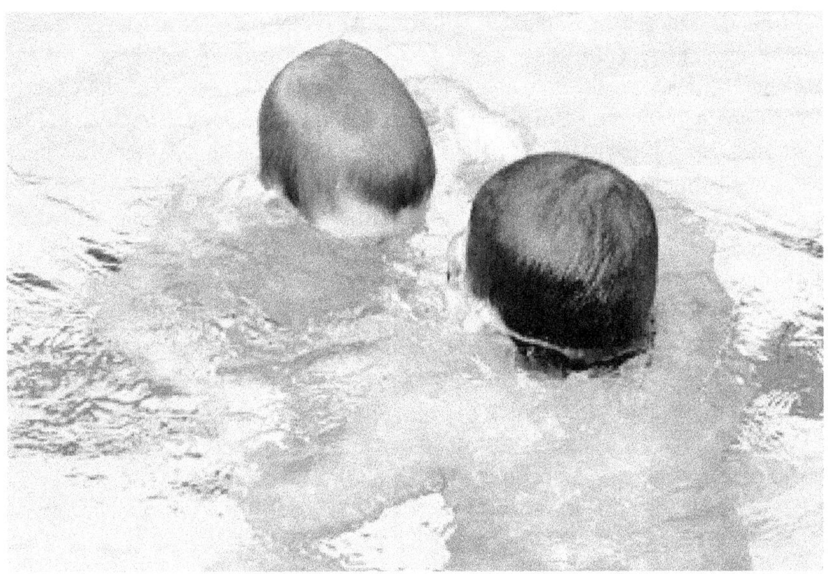

O mundo subaquático também existe.

Vamos erradicar o medo das piscinas.

soa, crenças, interesses e objetivos influenciam a motivação para a aprendizagem. E, mais especificamente, sabe-se que a motivação intrínseca é estimulada por tarefas que apresentam um grau ótimo de dificuldade, são orientadas aos interesses dos alunos e oferecem a possibilidade de escolha. Na mesma direção, o efeito da motivação sobre o esforço também foi demonstrado. A aquisição de conhecimentos e estratégias complexas requerem esforço e prática orientada. Se o aluno não estiver intrinsecamente motivado para o aprendizado, é difícil fazer esse esforço voluntariamente. Um dos objetivos da busca por competência aquática é desenvolver a motivação dos aprendizes. Isto é alcançado, como já indicado acima, com grandes expectativas criadas pelos professores em relação aos alunos. Da mesma forma que as crenças dos alunos sobre inteligência influenciam seu desempenho, as crenças dos professores sobre a capacidade dos alunos também influenciam a educação. Sabe-se que gerar um cenário que dê confiança ao praticante, lhe proporcionará segurança na hora de desenvolver as tarefas. Portanto, a ativação da atenção precisa de ambientes seguros e familiares.

Na organização do ambiente aquático para facilitar o aprendizado, recomenda-se a redução de espaços aquáticos, o apoio de material, o acompanhamento da família etc., que pode ajudar a apresentar um ambiente ordenado, sem distrações que permitam facilitar o aprendizado. Nos primeiros anos, até os 2 aproximadamente, a presença dos pais por meio de seus relacionamentos de apego torna-se intermediária entre o filho e a realidade e pode selecionar muitas das expectativas que ele terá. Nestas idades, a criança desenvolve em sua memória uma representação (cognitiva, afetiva e social) da realidade, que será seu ponto de referência para toda a vida. Através de seu comportamento, a criança pode ser ajudada a construir seu relacionamento com o ambiente aquático com mais segurança. Aqui, educadores e familiares podem ajudar muito na aprendizagem dos limites da criança.

Entre o nascimento e os três anos de idade, ao praticar no ambiente aquático ativa os neurônios do córtex cerebral, de modo que muitas conexões entre áreas próximas desta área são estabelecidas. O córtex cerebral é a área do cérebro que gera e gerencia os processos mentais mais complexos e elaborados, como a empatia, a tomada de decisão, o controle motor voluntário, o controle executivo e a linguagem, entre outros. Por isso, as crianças aprendem a falar sozinhas nestas idades, sem precisar ensiná-las a fazê-lo. Simplesmente ouvem, imitam, ensaiam, integram e, como que por mágica, falam.

No cérebro, há uma região, a ínsula, que continuamente tira fotos de como o corpo está na água e há um momento em que avisa que o estado das vísceras está mudando, sente uma emoção. Pelo senso comum, pensamos que primeiro temos medo e depois trememos, mas acontece ao contrário, primeiro trememos e depois sentimos medo. Então, o cérebro pode governar as emoções na piscina? A razão está no córtex pré-frontal, logo atrás da testa, e as emoções no sistema límbico, dentro do cérebro. Quanto às emoções, elas podem ser básicas, como alegria, tristeza, medo, raiva, nojo e surpresa, com estas se constroem outras mais complexas, as emoções sociais, como culpa, compaixão, amor. Os caminhos que vão do sistema límbico ao córtex pré-frontal, isto é, das emoções à razão, são muitos, mas os que vão da razão às emoções são poucos. Isto significa que o poder das emoções para contaminar a razão é muito forte; portanto, a razão tem muito pouca força para dominar o sistema emocional.

De acordo com estas contribuições, a segurança é alcançada pela afetividade que gera a confiança para agir, e isto leva à motivação. Neste sentido, o afeto depende dos neurotransmissores, que podem ser a chave para o sucesso na tarefa. Alguns estudos (Howard-Jones et al., 2016) mostram a importância dos neurotransmissores na motivação. Como lembrete, estes são a dopamina, que é um hormônio da recompensa ou neurotransmissor do prazer. É produzida com a ativação do estriado, uma região subcortical do cérebro que faz parte do sistema de recompensa cerebral. Ao aprender algo que deve ser evocado no futuro, este neurotransmissor é gerado, e isto é alcançado com situações em que o aprendiz se coloca no lugar do outro, desta maneira é estabelecido um circuito neuronal que é facilmente memorável pelo fato de estar associado a uma emoção.

Uma forma de estimular o sistema de recompensa do cérebro, é fazer as pessoas se sentirem bem, e a música é uma destas formas, pois melhora a atenção, o autocontrole e estimula as emoções. Outro exemplo claro disso é o trabalho cooperativo. Quando o ser humano se sente apoiado socialmente, melhora as funções executivas do cérebro. No entanto, quando se sente excluído do grupo, o funcionamento do córtex pré-frontal, a atenção executiva ou o raciocínio pioram. Quando as pessoas colaboram, regiões específicas do chamado sistema de recompensa cerebral associado à dopamina que conectam o chamado sistema límbico ou emocional ao córtex pré-frontal são ativadas. E esta ativação não é o resultado de um prêmio obtido através do trabalho cooperativo, mas a mera cooperação já é uma recompensa real que ativa as regiões cerebrais anteriores. Além disso, sabe-se que o trabalho cooperativo tem um impacto mais positivo na motivação do que o trabalho competitivo ou individualista. É por isso que o MAC propõe que, quando os alunos aprendam algo, o ensinem aos outros.

A serotonina reduz a ansiedade e regula o humor. Estabiliza o estado emocional do ser humano em situações de tensão. É ativada, por exemplo, com jogos aquáticos onde podemos praticar o autocontrole. As endorfinas nos dão um sentimento de felicidade e euforia. Combatem o desconforto e reduzem as sensações dolorosas. São ativadas com a simples prática aquática. E a acetilcolina favorece a concentração e a memória. Faz com que o córtex cerebral permaneça ativo. Tem sua importância quando se trata de formar lembranças e configurar a memória, participa na gestão do hipocampo.

As emoções são padrões de comportamento que são acionados automaticamente em uma situação que é percebida como uma possível ameaça. Não há um consenso geral sobre quantas emoções diferentes podemos gerar. Estamos cientes das emoções quando elas já começaram, quando podem ser redirecionadas se forem consideradas adequadas, mas não podem ser alteradas antes. Nesta situação, uma criança que viveu em um ambiente de insegurança em relação ao ambiente aquático passou por muitas situações ameaçadoras, que podem representar um perigo. E diante de um perigo em potencial, é preciso responder rapidamente, sem refletir (porque a reflexão exige tempo, um tempo que geralmente não está disponível quando a ameaça é iminente).

Imagine agora que uma criança está sentada confortavelmente na beira da piscina brincando com seus primos e de repente cai na água. Automaticamente, seu cérebro emite um sinal de alarme (na água posso me afogar), ao qual tem que responder muito rapidamente. As emoções começam antes mesmo de perceber o que pode acontecer na água a uma criança que não sabe nadar. Se sente medo, que é uma das emoções primárias, começará a mover os braços e as pernas alternadamente (do tipo cachorrinho) sem pensar nisso. E uma vez que iniciou uma destas ações, uma vez que um destes comportamentos emocionais tenha sido acionado, só então estará ciente disso. Se, em vez de responder automaticamente, fosse tudo feito de forma reflexiva e começasse a pensar e avaliar possíveis alternativas, quando a decisão fosse tomada, muito possivelmente, não haveria mais nenhuma decisão a ser tomada, pois a ameaça de afogamento afetaria a criança, se essa era sua intenção.

Em crianças que crescem em ambientes inseguros, o cérebro se adaptou fisicamente, por meio das conexões estabelecidas, para sobreviver às ameaças e perigos usuais, e teve que fazê-lo limitando a capacidade reflexiva e a capacidade de controlar as emoções, para favorecer precisamente a impulsividade. Neste caso, é mais adaptável, ou seja, favorece mais a sobrevivência, é impulsivo e deixa as emoções correr livremente ao invés de controlá-las reflexivamente, mesmo que leve à agressividade ou ao medo. Por outro lado, um ambiente de relativa estabilidade permite o desenvolvimento de mais conexões nas áreas envolvidas no pensamento reflexivo e no controle consciente das emoções, uma vez que as ameaças são menos comuns e menos iminentes, razão pela qual este ambiente gera pessoas que podem redirecionar emoções mais facilmente. Uma pessoa não reflexiva sempre terá mais dificuldade em aprender coisas novas, pois a aprendizagem também deve ser reflexiva (Marina, 2017).

Uma criança querida e valorizada desenvolverá conexões que o farão se sentir mais seguro e confiante ao longo de sua vida e, portanto, o tornará mais capaz de amar e transmitir segurança; uma criança que vê tolerância ao seu redor terá mais ativo o centro de gerenciamento da empatia, etc.

A educação na água não é apenas essencial para o desenvolvimento motor de crianças e adolescentes, mas também influencia diretamente no desempenho cerebral. Pois a prática aquática melhora a secreção do fator neurotrófico cerebral (que influencia positivamente a memória e um humor mais positivo) e permite o nascimento de novos neurônios no hipocampo. Portanto, a educação aquática pode favorecer a concentração, a atenção e a motivação, aspectos essenciais em qualquer aprendizado.

Tudo começa da forma mais natural.

O professor deve entender que as emoções estão sempre presentes e que favorecem ou dificultam a aprendizagem, que o estresse pode causar bloqueios no aluno e que, por sua vez, o fato de encontrar significado, valor e conexão com o que é importante para os alunos gera uma motivação que impulsiona o aprendizado. A dificuldade está em motivar todos os participantes da mesma maneira, com o mesmo modelo. Não se trata de realizar uma atividade divertida, mas de torná-la significativa para ele. E, para isso, sabe-se que, quando um contexto emocional positivo é mostrado aos alunos, o hipocampo é ativado, podendo se lembrar de mais coisas, o que não ocorre diante de contextos emocionais negativos, nos quais há uma maior ativação da amígdala. Isso sugere a necessidade de gerar climas emocionais positivos nos cenários aquáticos nos quais os alunos se sentam seguros e, como consequência, participem ativamente, não tenham medo de cometer erros e onde as expectativas sejam sempre positivas, tanto as próprias quanto as do professor.

Cada professor, individualmente, deve entender que a confiança é essencial para o relacionamento professor-aluno e, portanto, para a experiência de aprendizado. Quanto maior a confiança que colocamos nele, mais liberdade o aluno terá ao explorar o ambiente. A confiança no aluno é básica e é uma característica dos relacionamentos humanos. Confiança é a segurança ou a firme esperança que alguém tem de outra coisa ou algo; portanto, quanto maior a confiança, maior sua autossuficiência e quanto maior sua autossuficiência, maior a probabilidade de nadar sozinho sem ajuda. Para aprender, precisamos da confiança daqueles que guiam e apoiam o aprendizado. A confiança nas possibilidades do outro dá asas para tentar encontrar soluções para problemas de diferentes complexidades. Ambientes aquáticos orientados ao domínio, que valorizam o esforço e oferecem soluções de suporte, fazem com que o aluno queira agir e persistir. A autonomia e a autossuficiência do aluno para se movimentar no ambiente aquático, se tem que dar como consequência da confiança em uma atmosfera de reconhecimento do que faz, de valorização de seus ensaios, de apoio e carinho.

O jogo aquático como meio para educar a atenção

Uma das situações que, nas primeiras idades, melhor permite captar a atenção dos aprendizes é apresentar os cenários de prática por meio de jogos aquáticos. O jogo ajuda a desenvolver a inteligência e é uma excelente maneira de motivar e envolver as crianças em seu próprio aprendizado.

No MAC, os professores projetam o contexto do jogo para fornecer o conteúdo a ser ensinado, sendo como o diretor do jogo: projeta a história, o palco, dá os prêmios e recompensas etc. As crianças são os protagonistas e vivenciam o jogo. O uso das ferramentas do jogo traz grandes benefícios para o ensino: gera um aprendizado lúdico que favorece a imersão, envolve os participantes com o que acontece, favorece o trabalho focado na solução de problemas, desenvolve faculdades colaborativas, destrói as fronteiras físicas da piscina, potencializa

Nem tudo consiste em nadar.

Jogar e brincar com a água de todas maneiras possíveis.

a atividade motora e cognitiva, confere confiança e desenvolve a capacidade executiva.

Além dos benefícios motivacionais gerados pelo uso de jogos aquáticos, a competência para resolver problemas enfrentados pela criança em situações de jogo agregará mais valor à sua aprendizagem. O desafio proposto pelo jogo e as questões adicionais que o professor levantará sobre ele, permitirão enfrentar novas situações nas quais a abordagem lúdica tentará manter o desejo de atingir a meta. Mas os efeitos do jogo não serão os mesmos se a metodologia de ensino utilizada, mostrar a solução do problema para a criança. O uso de uma metodologia lúdica indutiva permitirá que os alunos façam coisas com o conhecimento antes de explicá-lo. Para isso, jogos específicos teriam que ser criados, nos quais os aprendizes teriam que encontrar por si mesmos uma explicação, uma resposta, uma solução para o problema. A partir desse processo de resposta ao desafio, os alunos percebem a necessidade de informação, tentam obtê-la por seus próprios meios e chegam a propor soluções. Somente no caso necessário, o educador atuará como apoio para poder sugerir com alguma pista o possível caminho a seguir. O objetivo é que, a partir de situações concretas, os alunos realizem um processo de indução que os leve a investigar e descobrir princípios mecânicos na água, conceitos como propulsão, teorias e leis como ação-reação. Por exemplo, para o aprimoramento da competência em deslocamentos, propor que os participantes se movam de maneiras variadas e, finalmente, raciocinar com eles, tirando uma conclusão geral de qual foi o modo mais eficiente. Desta maneira, é alcançado um entendimento profundo, relacionado e aplicado do conhecimento a ser aprendido. É possível aumentar o percentual de tempo de envolvimento do aprendiz, levando a um aprendizado significativo, mais permanente e que poderá ser capaz de aplicar e transferir para futuras situações aquáticas.

Na medida em que as competências mais simples (ser capaz de flutuar em uma situação dada) são integradas, seria ideal que jogos aquáticos reivindicassem maior complexidade (resolver um problema de competência aquática que envolva o uso de várias competências aquáticas modulares). Devemos lembrar de que processos cognitivos complexos nunca envolvem uma única região do cérebro que é ativada isoladamente, mas várias redes e áreas que funcionam de maneira combinada, coordenada e integrada. Portanto, as atividades de aprendizagem no ambiente aquático precisam ser integradas e inclusivas, e devem ser transversais e contextualizadas para ativar e envolver o maior número possível de redes e zonas possíveis.

Assim, o jogo constitui um mecanismo natural enraizado geneticamente que desperta curiosidade, é agradável e permite adquirir toda uma série de competências básicas para a vida que estão em plena harmonia com nossa natureza social. O jogo é essencial para o aprendizado devido, basicamente, ao desafio associado a ele que motiva e ao feedback fornecido, que aporta informações contínuas sobre como o progresso é feito. Portanto, para a implementação dos jogos, recomendamos: estabelecer metas claras e objetivos acessíveis, mostrar variedade e opções de ação para uma participação ativa e fornecer feedback.

Fase 5. Favorecer a compreensão

Foi demonstrado que o aprendizado é mais eficaz quando envolve uma construção significativa com base em experiências anteriores, uma vez que eloquentemente vincula novas informações às informações existentes. Portanto, no MAC é necessário um argumento explicativo das razões do porquê, sempre que possível em uma tarefa com as crianças, porque isto as levará a aceitar melhor as propostas. Nestes objetivos do processo de aprendizagem, o aluno procura criar representações congruentes e significativas do conhecimento, para o qual constrói e usa uma série de estratégias de pensamento e raciocínio para atingir os objetivos de aprendizagem, nos quais influenciam os fatores ambientais. Nesse raciocínio sobre o pensamento, o processamento de ordem superior (metacognição e cognição) para a seleção e direção dos processos mentais aprimora o pensamento crítico e criativo.

O entendimento é procurar o significado e é favorecido com a apresentação do novo e a ativação da memória de trabalho, que permite a integração da sequência de informações (por exemplo, usando o flutuador tubular para coletar pequenos materiais, o que permitirá construir o grande navio) e o que levaria a uma aprendizagem significativa. Toda vez que aplicamos o que aprendemos, o reforçamos (Brown, Roediger e McDaniel, 2014). O domínio não apenas requer a posse de conhecimento preciso, mas também o entendimento conceitual de como usá-lo. De nada adianta o que sabemos se não sabemos como usá-lo. Neste processo, o conhecimento prévio da memória do aluno desempenha um papel fundamental. Precisamos procurar conexões entre o recém aprendido e o já conhecido. A repetição mecânica atinge rapidamente o limite do que pode ser armazenado na memória. No entanto, se a elaboração for praticada, não há limite conhecido para tudo o que pode ser aprendido. Elaboração é o processo de dar sentido ao novo, expressando-o com as próprias palavras ou ações e conectando-o ao que já conhecemos.

Todo novo conhecimento requer a base do conhecimento prévio. Colocar novos conhecimentos em um contexto maior ajuda a aprender. Ao explicar abstrações, como o princípio da flutuação, é mais fácil quando é enraizado em algo concreto que já sabemos, como por exemplo, uma pessoa pode flutuar mais quando tem mais ar nos pulmões e inclusive carregando uma bóia. Portanto, para que o ensino seja abrangente, deve favorecer o desenvolvimento de processos reflexivos, o reconhecimento de analogias e contradições. As formas mais frequentes de adquirir conhecimento são superficiais (repetir um certo movimento das pernas sem saber o porquê), sem uma compreensão autêntica, esquece-se que não pode ser aplicada. Pelo contrário, o que foi aprendido de forma compreensiva pode transferir-se melhor para outras situações. A partir desta concepção, o aprendiz percebe a estrutura e as relações entre os elementos que constituem o problema a ser resolvido ou a situação de aprendizado. Neste sentido, a primeira coisa que o professor pode fazer para que a situação ou a informação se resulte compreensiva é estruturá-la, o que, por sua vez, implica realizar uma análise de seus elementos e relacioná-los com situações anteriores.

Para estruturar uma prática compreensiva, se poderá fazer o seguinte:

- Ao iniciar a prática, se explica as razões dos objetivos dela. Por exemplo, "Usaremos a aula de hoje para melhorar a respiração. O objetivo é que todos possam adaptar o ritmo de respiração aos jogos aquáticos."

- Explicar a estrutura geral da prática (organização e finalidade). Por exemplo, "Hoje continuaremos com os grupos que tivemos da turma anterior, para continuar o trabalho de progressão da propulsão. Para isso, cada grupo pode retomar o jogo do outro dia, que tanto gostaram. Se surgirem problemas, guiarei vocês. No final da aula, veremos quais foram as melhores maneiras de avançar."

- Explicar a utilidade da prática. Por exemplo, "A realização de exercícios de equilíbrio ajudará a ter estabilidade no corpo que pode ajudar a impulsionar muito melhor".

- Apoiar-se nos participantes como modelos positivos para demonstrações. Por exemplo, em uma prática em que se experimentarão giros, é solicitado que algum participante mostre uma maneira de girar na água.

- Oferecer diretrizes e orientações para regular o progresso pessoal e conscientizar previamente os critérios de melhoria. Por exemplo, explicar como autoavaliar seu próprio progresso. "Aqui temos as folhas para colorir. Cada uma contém desenhos com níveis associados de propulsão. Podem pintar os níveis que já superaram na prática. Isso permitirá que saibam em que nível estão atualmente e como melhorar."

- Adaptar as instruções de acordo com o progresso dos aprendizes. Por exemplo, em uma situação de orientação subaquática, "Muito bem, você encontrou todos os objetos debaixo d'água. Agora tente coordenar a ação dos braços para poder pegar dois objetos ao mesmo tempo." Após a nova execução, atualize o feedback com um pouco de deliberação: "quase você pegou os objetos ao mesmo tempo, mexeu bem os braços, mas, por que acha que não conseguiu pegá-los ao mesmo tempo?" Depois disso, conclui-se que falta a propulsão das pernas. A ação é repetida e relatada novamente (tem como objetivo convergir as informações entre o feedback interno e externo).

- Use modelos através dos participantes. Por exemplo, em uma situação de deslocamento em uma área rasa, peça aos participantes para simular

Elaborando projetos aquáticos de forma cooperativa.

Sempre há uma forma eficaz de fazer.

a situação e destacar os pontos fortes de sua execução. "Olhem para a tomada de decisão e a ação que o parceiro fez, ele fez um deslocamento em velocidade, é uma boa alternativa? O que vocês acham?" Após a deliberação, contextualiza o conteúdo na prática (neste caso, realizar um deslocamento em velocidade permite que o destino seja alcançado antes, mas fica muito mais cansativo) e reforça os pontos fortes apresentados pelos modelos.

- Quando é necessário compartilhar as demonstrações com os participantes através de exemplos. A imitação de certas ações é um mecanismo que pode levar ao aprendizado. Usar o modelo do professor e até de um vídeo ou outro parceiro pode ser uma boa ferramenta. Por exemplo, em uma situação de arremesso de bola, compartilhe a demonstração com um participante, dando instruções para tomar decisões mais precisas. "Vou me levantar e jogar a bola para teu parceiro. Meu exemplo pode te ajudar a ver como fazer isso? Você tenta agora com teu parceiro para ver o que acontece?"

- Propor variantes diferentes para a mesma tarefa. Por exemplo, na proposta de um jogo aquático: "O objetivo é que todos alcancem as escadas abaixo da água, a partir daí, podem modificar a maneira como se locomover, usar o material etc."

- Oferecer reforços verbais e não verbais positivos. Certos comportamentos que nos interessam podem ser recompensados, pois serão repetidos no futuro. Durante todo o processo, comportamentos apropriados associados ao esforço devem ser recompensados. Estes podem ser elogios, reconhecimento etc. Incentivar os participantes a perseverarem. Por exemplo, em uma situação de equilíbrio sobre tapetes na água, um participante é orientado e elogiado, reforçando seus esforços e resultados. "Muito bem, você está trabalhando muito bem, melhorou muito desde o primeiro dia; se continuar assim, melhorará muito teu nível (acompanhado de um sorriso, de um gesto de polegar para cima ou um tapa no ombro)".

- Oferecer feedback informativo durante a execução das tarefas. Por exemplo, em uma situação expressiva de representação de letras na água, os participantes são informados sobre o processo e o resultado com uma intenção claramente proativa e formativa que promove a descoberta e a experimentação autônoma. "Muito bem, já prepararam a primeira letra, como poderiam formar uma palavra entre todos? Observem as letras dos colegas para formar palavras muito curtas como "não, sim, dois, etc."

- Oferecer tarefas de dificuldade gradual de acordo com o nível dos participantes. Por exemplo, em uma situação de aprendizado do equilíbrio, propor alternativas diferentes para estabelecer uma sequência de aprendizado, permitindo que os alunos se posicionem livremente em uma e, assim, sejam capazes de experimentar e escolher qual sequência seguir de acordo com seu progresso pessoal. "Para equilibrar a flutuação dorsal, temos uma série de etapas que vão desde as mais básicas e com muitas ajudas até as mais complexas e autônomas. Se observamos, o nº 1, propõe a flutuação com duas ajudas laterais dos colegas, enquanto o 5º propõe a flutuação sem auxílio e sem apoio, mantendo o equilíbrio o maior tempo possível. Revisem as propostas, tentem a que acham que seria seu ponto de partida e, daí, procurem quais irão ajudá-los a melhorar mais. Os passos são um guia, não é necessário seguir todos, cada um progride no seu próprio ritmo e de acordo com suas possibilidades."

- Propor agrupamentos flexíveis de acordo com o desenvolvimento das práticas. Por exemplo, após planejar uma atividade, ofereça várias opções para formar os grupos. "Vamos formar grupos, o aconselhável seria entre 2 e 4 pessoas para jogar melhor. Se, durante o desenvolvimento do jogo, percebem que o nível do seu grupo é muito alto, podem mudar para o que achar melhor para suas opções. Temos que procurar tarefas que sejam um desafio que nos forcem a melhorar."

Imersão!

Fase 6. Construir modelos mentais para extrair regras e princípios

Na busca pela aprendizagem profunda, o MAC se concentra em ensinar para compreender. Para entender precisamos pensar e para pensar melhor, devemos exercitar as diferentes habilidades mentais que como seres humanos possuí-mos, para o qual são usadas rotinas de pensamento que ajudam a tornar visível o pensamento e o aprendizado. Se estas rotinas de pensamento forem exercidas com a prática aquática, os aprendizes desenvolverão hábitos que podem ajudar o pensamento metacognitivo, que é um componente fundamental para o apren-dizado e a compreensão. Os hábitos são um mecanismo de inteligência para ex-pandir sua eficiência. Automatizar as funções permite que o aprendiz as execute com mais facilidade e menos gasto de energia. Os hábitos são um potencial que serve como ponto de apoio à reflexão e à vontade para um novo aprendizado.

Na geração destas rotinas, certas consequências podem ser extraídas, o que em parte pode ser devido ao tipo de regras usadas na prática. Neste sentido, um modelo mental é uma representação mental de uma realidade externa. Aqueles que aprendem a extrair as ideias chave do novo e organizá-lo em um modelo mental e conectá-lo ao conhecimento prévio mostram uma vantagem no domínio do aprendizado complexo. À medida que a extração dos princípios ou regras subjacentes que diferenciam os tipos de problemas é aprimorada, mais sucesso será alcançado ao escolher as soluções corretas em situações desconhecidas. Esta habilidade é melhor adquirida através de práticas misturadas e variadas do que com a prática em massa.

Pesquisas sobre o desenvolvimento da teoria dos marcos relacionais (Hayes, Barnes-Holmes e Roche, 2001) apontam que, ao responder a pensamentos e emo-ções, as pessoas usam regras. Uma regra estabelece que, perante um estímulo ou situação A, um comportamento B levará a uma consequência C. Existem três tipos de regras e, por sua vez, três tipos de comportamentos regidos por regras:

- *Geração de regras através de consequências externas.* Quando a pessoa que controla as consequências é externa: Um professor diz ao aluno "Se você tirar todas as pedras do fundo da piscina, no dia seguinte vamos brincar de...". A criança acabará aprendendo que, se quiser brincar, terá que recolher todas as pedras do fundo. Neste caso, existem dois aspec-tos óbvios, mas que devem ser levados em consideração: credibilidade do professor e que a criança tenha a experiência que gosta de brincar. Neste caso, aprendemos a agir porque alguém diz, o que gera uma ma-neira de funcionar dependente dos outros. Qual seria o problema de gerar uma regra neste caso, porque agimos para alcançar coisas que depen-dem de outra pessoa, não de si mesmo e, portanto, mesmo agindo bem as consequências buscadas são incontroláveis e imprevisíveis e podem não chegar. Isso acrescentaria frustração e incoerência, um sentimento de não compreensão, fazendo o que devemos e não recebendo o que deveria ser recebido.

- *Geração de regras através das consequências natural.* Quando as consequências ocorrem naturalmente "Vai ao banheiro antes de entrar na aula e assim não sentirá vontade durante a aula". Assim, a criança deixa de agir, porque outro diz isso, para agir pelas consequências naturais de suas ações, estabelecendo uma coordenação entre suas regras e o funcionamento do mundo. Por exemplo, "Que bom, como você pegou todas as pedras, temos mais tempo para brincar". Mas esta maneira de gerar regras pode ter um problema: o efeito imediato de se fazer algo no curto prazo inibe ou impede a visualização das consequências no longo prazo. Gerar um pensamento mágico pode significar que, se colocarmos o maiô vermelho na piscina e aprendemos a nadar, poderemos aprender que a cor do maiô influencia. É aplicada uma regra que funciona em algumas áreas, mas não em outras. Aprende-se que, quando algo dá errado, pensar sobre isso pode mudá-lo, mas a mesma estratégia é aplicada a pensamentos ou emoções que não podem ser mudados.

- *Geração de regras através de consequências internas.* Após a regra da consequência externa e da consequência natural, chega a oportunidade de cultivar valores e dar sentido ao que é feito. Um exemplo seria "se você aprender a nadar, ficará forte e grande". Aqui as propriedades da natação estão sendo alteradas, dando-lhe um valor. Desta maneira, o valor do esforço é promovido, como: Veja Phelps, quão bem nada e quantos recordes ele bate... Você sabe? Phelps quando pequeno, era uma criança normal como qualquer outra, mas decidiu que queria nadar e se esforçou muito para consegui-lo. E havia dias em que não sentia vontade de nadar, ou que tinha preguiça, era aniversário de um amigo, ou ele pensava que nunca conseguiria, mas ainda estava determinado e continuava tentando realizar seu sonho. É por isso que me preocupo com que você pegue as pedras, para que possa se esforçar como Phelps e para que também possa realizar seus sonhos como adulto. Outra seria promover o valor de ajudar os outros (e o esforço): um homem chamado Tarzan era muito hábil em nadar e, graças a isso, um dia conseguiu salvar uma pessoa que estava se afogando. Imagina? Você pode ajudar as pessoas a salvar vidas? Quão felizes ficariam ao ver que sua habilidade permitiu que fossem salvos!

A seguir, é apresentada uma progressão na geração de hábitos para uma melhor competência aquática por meio de um MAC:

- Para promover novos comportamentos, é uma boa ideia começar a aprender com as regras do tipo 1, em que o professor estabelece a consequência do que acontecerá "se você fizer isso, isto outro acontecerá". Isso facilita que a criança visualize a consequência e atue com base nela.

- Apontar as consequências naturais de suas ações. Passando das regras do tipo 1 para o tipo 2. De "mova os pés fazendo bolhas e te dou um ponto" a "mova os pés fazendo bolhas, olha até onde avançou!" Assim, o aprendiz é impedido de funcionar, dependendo do que ordenar o professor e age de acordo com sua experiência na piscina e em relação ao funcionamento do mundo em geral.

- Promover diferentes maneiras de abordar um problema na água, às vezes algo que aprendemos na situação A não é a melhor opção na situação B e pode levar à frustração e estagnação. Promover o contato com as consequências naturais dos atos, além do que a mente possa dizer que é certo ou errado.

- Compartilhar os materiais para ser um amigo generoso e cuidar dos outros, realizar tarefas para saber coisas e ser capaz de resolver problemas meus ou de outros, saber nadar para estar saudável e em forma, como Mireia Belmonte.

- Apontar comportamentos sem rotulá-los. É tendencioso colocar rótulos como preguiçoso, egoísta etc., perante certos comportamentos. Dizer que é preguiçoso pode significar "eu sou assim, não posso mudar". Apontar comportamentos indesejáveis torna a criança responsável por poder alterá-los. Nesse ponto, é positivo mostrar as consequências de ambos os comportamentos.

- Evitar também rotular pensamentos e emoções como positivos / negativos. Se concentrar em: o que essa emoção / pensamento demanda? Quais seriam as possíveis consequências se obedecemos? Ajudam na sua intenção de ser (um amigo honesto e responsável, ajudar os outros, etc.) ou são uma armadilha? Você se preocupa em ser um amigo honesto, etc. Como responder com o intuito de sair ganhando?

- Promover experiências em que agir a longo prazo seja mais benéfico do que agir a curto prazo e, assim, cultivar o autocontrole.

As ideias que as pessoas têm das coisas determinam a interpretação da experiência e influenciam sentimentos e comportamentos. Todos os seres humanos têm as mesmas grandes motivações (prazer, desejo de melhoria etc.) e o bom trabalho do educador será vincular o aprendizado a algumas dessas motivações. O ideal seria saber despertar interesse, autoconfiança, curiosidade, pois o bom humor pode levar a mudanças de pensamento. Quando uma criança tem medo de mergulhar, é porque a consequência que obteve em ocasiões anteriores não foi a esperada e uma crença falsa foi gerada nessa ação, devemos analisar as crenças que causam essas atitudes e tentar mudá-las. Por exemplo, o MAC usa algumas situações para causar essa mudança de crenças, desejos e sentimentos.

A satisfação de ter conseguido.

Vamos ver como é feito?

- Fornecer informações específicas relacionadas a uma criança sobre o desempenho de uma tarefa e seus possíveis resultados, consequências, benefícios e custos. Por exemplo, um educador pode informar uma criança que "se participar dos jogos todos os dias, isso ajudará a nadar melhor e permitirá que se sinta melhor e mais seguro".

- Oferecer informações sobre o que os outros podem pensar da atividade aquática. Por exemplo, um educador poderia dizer a uma criança: "Se você aprender a nadar, tua família ficará muito feliz com o que você conseguiu".

- Estabelecer objetivos de curto prazo. Por exemplo, na próxima semana precisamos conseguir duas argolas do fundo da piscina.

- Incentivar a criança a observar que a consecução de determinados objetivos alcançados, graças ao seu esforço, permite alcançar outros derivados dele. Por exemplo, um educador ressalta que, graças ao domínio da imersão, pode fazer o circuito subaquático.

- Identificar certas barreiras ou possíveis problemas. As barreiras podem ser cognitivas, emocionais, sociais e / ou físicas. Por exemplo, "Se perceber que está muito cansado com essa distância, tentar fazer o percurso com intervalos".

- Para generalizar o comportamento, após o desempenho bem-sucedido, graças a um comportamento em uma situação específica, incentivar a criança a encontrar oportunidades para experimentá-lo em outras situações. Por exemplo, depois de seguir uma série de jogos que o levaram a dominar a propulsão na piscina rasa, o educador pedirá à criança que faça o mesmo na piscina profunda.

- Ajudar o próprio autocontrole da criança nos comportamentos alcançados. Por exemplo, toda vez que um marco na aquisição de uma determinada competência aquática é superado, a criança é solicitada a colorir, na folha de desenho fornecida, a figura correspondente a essa competência e é usada no dia seguinte quando a coloca em prática, indicando que foi alcançada.

- Concentrar-se no sucesso de alguns marcos alcançados nos dias anteriores. Como forma de aumentar a motivação, podemos refletir sobre algumas experiências bem-sucedidas em competências aquáticas passadas. Por exemplo, para incentivá-lo a participar de uma nova tarefa, lembramos do jogo da semana passada que foi muito divertido e que gostou tanto que permitiu melhorar seu equilíbrio.

Fase 7. Ajudar o aprendiz a gerenciar seu conhecimento

No MAC, propõe-se que o professor ajude incentivando a atividade do aprendiz para que possa manter as experiências em sua memória e depois recuperá-las para uso. Uma das melhores maneiras de aprender é que os participantes exteriorizem e articulem seus conhecimentos, explicando-os a outra pessoa, isto também pode ser feito através da repetição (uso de variação), elaboração de conteúdo, aplicação em casos específicos etc.

Quanto à maneira de adquirir experiências, como Marina (2017) indica, a repetição sem entendimento é inútil, o entendimento sem repetição é efêmero. A repetição é necessária em qualquer aprendizado e permite a automação de muitos comportamentos. Se a criança se acostumar a tomar banho antes de entrar na água todos os dias, não terá que tomar a decisão de tomar banho diariamente. A formação de rituais acalma a criança, lhe dá segurança, organiza a realidade e a torna previsível. A repetição é muito eficaz para trabalhar objetivos simples de curto prazo. A repetição como método de aprendizado é uma maneira natural e eficaz, mas precisa ser motivada, pois as alterações neurais são diferentes daquelas produzidas pela prática desmotivada. A aprendizagem no ambiente aquático é um processo voluntário, no qual a pessoa deve participar ativamente e se esforçar. Assim, a repetição serve para aprender, é a forma mais usada por todos os professores, mas é uma das menos produtivas se não houver motivação e a intenção de aprender não estiver ativamente envolvida. A repetição mecânica atinge rapidamente o limite do que pode ser armazenado na memória. Portanto, precisamos estar motivados, e repetir o que desejamos aprender é a maneira mais eficaz de fazê-lo, para memorizar e lembrar as coisas muito tempo depois.

Como a memória é um recurso limitado, é normal esquecer com o tempo. E o melhor antídoto contra o esquecimento é a prática contínua. No nível neuronal, o uso repetitivo das coisas aperfeiçoa a memória de longo prazo. Mas, para ter mais sucesso na busca pela competência aquática, esta deve ser uma prática deliberada que não deve estar em desacordo com a variedade ou a reflexão, porque, conforme nosso cérebro aprende através da associação de padrões, o conhecimento prévio e a constante aquisição de aprendizado estão construindo, entre outros, a competência aquática. Toda vez que tentamos lembrar, a memória é modificada e este processo de reconstrução do conhecimento tem um grande impacto no aprendizado, associado a fatos e inferências específicas. Portanto, os testes são propostos por meio de jogos (não mais do que cinco minutos, aproximadamente) que no final de cada bloco podem ser colocados em prática na piscina.

Normalmente, estratégias de aprendizado mais confortáveis, oferecem apenas resultados temporários, embora no momento pareça estar sendo aprendido. Portanto, o aprendizado voluntário e periódico, através do esforço pessoal, confirma que quanto mais nos esforçarmos para aprender, mais profundo e duradouro será o aprendizado. Alguns professores passam muito tempo repetindo uma habilidade ou um novo conhecimento (prática em massa), infelizmente, essas estratégias estão entre as menos produtivas. Em vez de revisar através da repetição, a ciência sugere a prática da recuperação, ou seja, lembrar fatos e conceitos ou eventos da memória. As vias neurais que formam o corpo de aprendizado são fortalecidas quando a memória é recuperada e o aprendizado é praticado. Portanto, a prática periódica evita o esquecimento, fortalece os caminhos de recuperação e é essencial para preservar o conhecimento. E quando o aluno está envolvido, de forma participativa, são alcançados objetivos relacionados à memorização a longo prazo, desenvolvimento do pensamento, motivação e transferência de aprendizado.

Fase 8. Reajustar as metas e aumentar as expectativas

Quando o aprendiz acredita que pode desenvolver e melhorar suas habilidades por meio de esforço ou boas estratégias e conselhos, se concentra no processo de aprendizagem e não no mero resultado, é mais perseverante diante das tarefas e dificuldades que possam surgir, o qual prevê uma procura pela competência aquática ascendente. Esta mentalidade de crescimento pode ser alcançada elogiando os aprendizes por seu esforço, e não por sua capacidade, e nisto a influência das figuras de autoridade (professores) é fundamental. Esta maneira de reconhecer o esforço gera nos aprendizes sentimentos emocionais positivos, aumenta o interesse em aprender, em se esforçar ao máximo, facilitando assim a motivação intrínseca, associada à intervenção em determinadas atividades para seu próprio bem, pelo sentimento de prazer e satisfação obtido diretamente de sua participação. Pelo contrário, se apenas o resultado é valorizado, está relacionado à motivação extrínseca, caracterizada pelo alcance de metas de ação individuais, bem como pela participação promovida por consequências externas (recompensas, punições, pressões etc.).

Isso pode ser conseguido fornecendo o feedback necessário para encorajá-lo a sair da zona de conforto. Para que o processo de aprendizado seja fortalecido, é necessário um feedback adequado, que promova a motivação e a autonomia. O feedback é crucial para o cérebro e precisa ser claro, específico, focado na tarefa e não no aluno, e fornecido com frequência e imediatamente após o desenvolvimento da tarefa, reconhecendo pontos fortes e fracos.

É aconselhável que a associação ideal entre as habilidades do aluno e a dificuldade da tarefa instrucional esteja um pouco acima do nível de competência do aluno. Nesta tarefa, o professor pode ajudar a definir o nível de aspiração do aluno, marcando os possíveis objetivos para se ajustar ao seu nível de competência. Portanto, devemos tomar cuidado para não estabelecer metas que sejam fáceis ou complexas demais, porque podemos alcançar a desmotivação e a falta de aspiração.

Ser especialista em algo geralmente é a consequência de um esforço deliberado por um período mais ou menos longo, com o objetivo de melhorar a competência aquática. Não se trata apenas de praticar e repetir por horas, mas de praticar minuciosamente, dividir a tarefa complexa em partes, analisar o que é feito bem e

Equilíbrio e controle postural na piscina.

Coordenação e competência ao deslocar-se sobre tapetes flutuantes.

o que não é feito tão bem, enfatizando a mudança do que precisa ser aprimorado e procurar pequenos detalhes que permitam melhorar até o que já foi bem feito. Para melhorar a competência aquática, propõe-se:

Definir um objetivo da competência aquática que se deseja melhorar (por exemplo, ser capaz de executar um determinado circuito em que precisa superar uma série de desafios nas habilidades aquáticas).

Dividir a tarefa complexa em partes, seções ou aspectos menores e mais gerenciáveis, procurando o relacionamento contínuo e progressivo entre eles (por exemplo, perante um jogo aquático completo, no qual precisa se mover com um objeto e depois introduzi-lo, após o lançamento em uma cesta, concentre-se primeiro na habilidade que os praticantes mais dominam, para adicionar progressivamente as outras).

Estabelecer rotinas que garantam a dedicação de um período aceitável para cada um dos desafios (por exemplo, criar atividades baseadas na variedade, "primeiro o circuito será realizado com um flutuador tubular, depois em pares" etc.).

Encontrar uma maneira de medir o progresso em cada uma destas partes (por exemplo, usar uma prova básica que permita em três ou quatro níveis verificar o nível de competência da criança. Vários exemplos são mostrados no capítulo de medição).

Fornecer o feedback imediato da medição (por exemplo, informar sobre o progresso individual e a melhoria que a criança obteve após a medição com a prova).

Analisar constantemente o desempenho e procurar novas maneiras de melhorar (por exemplo, ao aprender a técnica de costas, envolver a criança na autoavaliação, usando a avaliação de maneira privada e significativa).

- Defina um objetivo da competência aquática que se queira melhorar (por exemplo, ser capaz de completar um determinado circuito onde tenha que superar uma série de desafios sobre habilidades aquáticas).

- Divida a tarefa complexa em partes, seções ou aspectos menores e mais manejáveis, buscando a relação contínua e progressiva entre eles (por exemplo, antes de um jogo aquático completo, em que você precise se deslocar com um objeto e introduzi-lo depois de jogá-lo em uma cesta, concentre-se primeiro na habilidade que os participantes mais dominam, para adicionar progressivamente os outros).

- Estabeleça rotinas que garantam a dedicação de um período aceitável para cada um dos desafios (por exemplo, projetar atividades baseadas em variedade, "primeiro faremos o circuito com um flutuador tubular, depois em pares etc.).

- Encontre maneiras de avaliar o progresso em cada uma dessas partes ((por exemplo, use uma rubrica básica que permita que em três ou quatro níveis possa ser comprovado o nível de competência da criança. Vários exemplos são mostrados no capítulo de avaliação).

Viu! Não era tão difícil!

Sopra na água é muito divertido!

- Forneça feedback imediato sobre a avaliação (por exemplo, relate o progresso individual e a melhoria da criança após a avaliação com a rubrica).

- Analise constantemente o desempenho e procure novas maneiras de melhorar (por exemplo, aprendendo a técnica do nado costas, envolvendo a criança na auto-avaliação, usando a avaliação de maneira individual e significativa).

Fase 9. Fazer com que o aprendiz se sinta progredindo

Um dos componentes básicos da educação de qualidade é a sensibilidade do professor em relação aos alunos, o que significa colocar-se no lugar deles e tentar entender como veem as coisas. Isto não significa perder a autoridade ou sempre ter que ceder à forma particular de como o aluno vê o que está acontecendo, mas com a disposição de reconhecê-los como mais um na aventura de aprender. Existem muitos estudos que mostram que, quando o professor está acessível e próximo, favorece como consequência uma melhor aprendizagem. A partir dessa abordagem, os especialistas pedem para "capacitar" os alunos para que possam pensar e participar em igualdade de condições. Desta maneira, o conceito de autoridade é entendido como que a verdadeira autoridade não é imposta, mas reconhecida. É o professor que, usando métodos que favorecem a menor incidência possível na resolução do problema, tenta manter a ordem e a disciplina com a menor intervenção, tentando fazer com que sejam assumidos por todos e não impostos pelo adulto de fora.

Mas nem sempre é esse o caso, ainda ensinar com autoridade se confunde com ser autoritário para ensinar. A adoção deste tipo de posição (ensinar de forma autoritária) promove o uso do poder e não o uso da razão, causando uma clara ruptura no relacionamento entre o professor e o aluno, bem como sentimentos de violência, raiva, estresse, desamparo etc., podendo influenciar negativamente a aprendizagem da criança. Quem quer impor autoridade apenas por coerção está admitindo que não tem outros instrumentos para fazê-lo.

A essência desta "pedagogia do medo", infelizmente, ainda está presente em alguns ambientes onde prevalece a autoridade baseada no medo de represálias. A pior coisa de ensinar o conceito de autoridade através do medo é que este pode fazer com que a criança perca a confiança no professor (chave para o aprendizado efetivo).

Temos consciência da dificuldade, por várias razões, de maximizar o ensino, sendo considerada uma figura de autoridade pela razão e não pela imposição; portanto, em algumas ocasiões, é necessário aplicar modelos mistos que possam levar a um ensino que gere respeito e que o professor só possa exercer essa autoridade quando necessário (por exemplo, quando há uma violação das normas) usá-la para cumprir algumas funções que são reconhecidas institucionalmente. Um exemplo de obtenção de autoridade pela razão é encontrado na aplicação do MAC

(De Paula e Moreno-Murcia, 2018; Salar, 2017), que mostrou melhores efeitos na aprendizagem comportamental, afetiva e cognitiva do que em modelos instrucionais de imposição de autoridade. Neste modelo, uma qualidade necessária do professor é respeitar, na medida em que a estruturação dos conteúdos a serem ensinados permitam, os interesses e as qualidades pessoais dos alunos. Por exemplo, o professor de natação durante o desenvolvimento da aula, enquanto os alunos estão procurando as argolas no fundo da piscina, observa e analisa suas ações; e quando aprecia uma situação que requer um tratamento detalhado, se aproxima para atendê-los melhor, desde uma perspectiva de cooperação. "Gostei do que fizeram, o que acham se pensar em outra maneira de impulsionar para conseguir a imersão? Provavelmente permitirá que alcancem as partes mais profundas com menos esforço. Vamos tentar, entre todos, e ver o que ocorre?".

Portanto, é importante falar sobre o estilo interpessoal do professor ao ministrar aulas, pois os fatores sociais (o que o professor faz durante a aula) têm um grande impacto nas consequências cognitivas, emocionais e comportamentais do aluno através da satisfação das necessidades psicológicas básicas da pessoa (Deci e Ryan, 1987). Portanto, o uso do estilo interpessoal de apoio à autonomia pode ajudar a gerar um maior senso de conquista e autoeficácia na competência aquática e, em resumo, uma vida mais feliz.

Para que seja dado um estilo interpessoal de apoio à autonomia, o apoio do professor aos alunos deve levar em consideração a satisfação das necessidades psicológicas básicas. A partir do MAC, propõe-se que os professores que trabalham com crianças e adolescentes no ambiente aquático possam prestar assistência para apoiar as crianças na experiência de satisfazer a necessidade básica. Isto envolve, entre outras coisas, fornecer à criança uma oferta de relacionamento confiável. A Teoria da Motivação Autodeterminada (Ryan e Deci, 2000) estabelece que existem três necessidades psicológicas básicas nos seres humanos: a necessidade de autonomia, competência e relacionamento social.

- *Autonomia.* Refere-se aos esforços das pessoas para ser o agente, por se sentir a origem de suas ações e ter voz ou força para determinar seu próprio comportamento. É um desejo de experimentar um "lócus" interno de causalidade.

- *Competência.* Refere-se ao grau em que uma pessoa se sente capaz de realizar uma atividade, tentando controlar o resultado e experimentando eficácia, levando-a a procurar desafios ideais para suas habilidades e a tentar mantê-las e melhorá-las. A competência não deve ser entendida em termos finalistas, como uma habilidade alcançada, mas um senso de confiança e eficácia na ação que faz as pessoas se sentirem seguras em suas possibilidades e realizem novas atividades para aumentar sua competência.

- *Relacionamento com os outros.* Refere-se ao esforço de se relacionar e cuidar dos outros, bem como sentir que os outros têm um relacionamento autêntico com você e experimentar satisfação com o mundo social. Esta necessidade é definida através de duas dimensões, sentindo-se aceitado e íntimo com os outros.

Pesquisas indicam que estas necessidades têm um papel determinante no desenvolvimento pessoal, na experiência positiva e no bem-estar da vida. Portanto, a frustração de uma delas terá consequências negativas para o desenvolvimento e o bem-estar das pessoas.

Quando o MAC é aplicado em crianças (6 meses a 2 anos), o modelo é explicado aos acompanhantes (parentes da criança). Ao aconselhar os pais, deve-se concentrar em aconselhá-los sobre como alcançar uma melhoria no relacionamento entre pais e filhos. Isto pode ser feito não apenas fortalecendo os rituais da família, mas também aumentando o tempo de compartilhamento entre pai e filho juntos.

Para fazer com que o aprendiz sinta progresso em seu aprendizado, se sofrer punições ou respostas desrespeitosas quando peçam ajuda (como: "mais uma vez você não prestou atenção! Isso é horrível!", ou respostas semelhantes), não perguntarão novamente no futuro e a probabilidade de uma criança receber ajuda adequada diminuirá. Em vez disso, as crianças precisam de educadores e pais que tentem ter um contato próximo e um relacionamento com eles, para que possam estar seguros de obter ajuda de maneira respeitosa, quando pedirem. O trabalho pedagógico que se concentra na proteção da autoestima das crianças enfatiza e fortalece as habilidades delas. Focar atividades pedagógicas nos recursos das crianças significa não discutir suas dificuldades, mas sempre focar no que foi alcançado e escolher os desafios que as crianças podem enfrentar.

A consequência dos contextos de aprendizagem em que o aluno é incentivado, é dado feedback construtivo e elogiado por atividades relacionadas à aprendizagem, é o fortalecimento da autoestima. Por outro lado, a desvalorização e o aprendizado por culpa levam a um menor envolvimento em atividades relacionadas ao ambiente aquático no futuro. Mas algumas crianças ou adolescentes, com muitas experiências práticas de fracasso, provavelmente manterão seu autoconceito negativo por um longo tempo, sendo "imunes" a elogios e incentivos. Portanto, o uso do feedback positivo não se ajustará ao seu autoconceito, enquanto o feedback negativo será mais consistente com a visão de si mesmos e, portanto, será mais bem integrado. Nestes casos, recomendamos muita paciência e ainda mais atenção a esses perfis.

Com o MAC, pretendemos que as crianças aprendam bem, pelo qual é necessário assumir a confiança nas próprias capacidades, porque isto leva a ações mais efetivas, e é necessário apoiar as crianças no desenvolvimento de uma alta autoeficácia. Este suporte é baseado no conceito de "zona de desenvolvimento próximo" de Vygotsky (1978). Isto significa propor desafios às crianças, que sejam um pouco mais difíceis do que poderiam até agora sem ajuda e apoiá-las em um nível mais baixo para superar as dificuldades, se necessário. Neste sentido, o professor deve lembrar que as crianças precisam de estruturas e rituais sólidos para ajudá-las a superar os diferentes marcos. Para que as experiências de prazer aconteçam, podemos levar em conta os interesses da criança e brincar com ela, de acordo com seus desejos, podemos gerar na criança experiências diárias bem-sucedidas. Portanto, é necessário detectar o nível de desempenho atual da criança e fornecer com precisão a ajuda necessária para alcançar o próximo nível superior. O papel do professor será apoiar dando autonomia aos que precisam (por exemplo, propor um jogo na água onde eles possam superar o desafio de forma autônoma), mas, no caso de detectar que a criança precisa de orientação, pode ser avisado de qual é o próximo passo.

Para apoiar o aprendiz e fazê-lo sentir-se progredindo, sugerimos o uso das estratégias apresentadas acima para estruturar a prática. Nesta ocasião, sugerimos também que, na busca da proximidade do professor com o aprendiz, seja possível:

- Perguntar ao aprendiz sobre suas preferências em relação a uma tarefa. Por exemplo, "Gostariam de começar com o jogo de ontem ou preferem o jogo de hoje?

- Oferecer a oportunidade de escolha (grupos, materiais e espaços). Por exemplo, em um jogo com pranchas, podem escolher entre vários tamanhos (grande, médio e pequeno).

- Deixar que tome a iniciativa (ceder a iniciativa). Por exemplo: "Precisamos tentar alcançar o flutuador, podem usar material de flutuação ou não, dependendo de suas possibilidades. Quando estiverem prontos, podem começar".

- Oferecer possibilidades de experimentação (individualizar a prática). Por exemplo, através da descoberta, são propostas variantes para reforçar ou expandir de acordo com suas possibilidades. Após um percurso de propulsão com os pés, segurando uma prancha com um copo cheio de água nas mãos, perguntamos: "Se durante o trajeto deixaram cair água, onde acham que falharam? Como poderíamos resolver isso? O que poderíamos fazer para melhorar? (reforço e consolidação)". Enquanto em outro grupo que atinge a meta (levar o copo sem derramar água) propomos "poderiam levar o copo de outra maneira sobre a prancha? Saberiam impulsionar em várias direções e mudar de sentido? (extensão)".

- Conversar com a educação e individualmente. Por exemplo, o professor em aula se esforça para abordar cada uma das crianças pelo nome e o faz de maneira amigável. "José, se quiser, acho que você poderia repetir o lançamento, desta forma fortalece o gesto".

- Usar linguagem empática. Por exemplo, em uma situação de imersão, fala com a criança "sei que é difícil, tem sido difícil para todos aprenderem a mergulhar, então estou ciente de como você faz isso, acho que se o fizer com os olhos abertos, funcionaria melhor, vamos tentar assim?".

- Ouvir com uma atitude ativa e positiva. Por exemplo, em uma situação em que as crianças reclamam com o professor, ele as atende com interesse, levando em consideração a opinião delas: "estou muito preocupado com que saibam como executar os exercícios corretamente, por isso os explicarei quantas vezes precisarem. Quando os pratiquem novamente, veremos como ficou, tudo bem?".

- Aproximar-se para ajudá-lo. Por exemplo, enquanto as crianças fazem seus mergulhos, o professor as supervisiona e, quando acha uma situação que requer tratamento detalhado, se aproxima para melhor atendê-las, do ponto de vista da cooperação. "Gostei do que fizeram, o que acham de pensar em outra maneira de fazer o mergulho?".

- Ser entusiasta. Por exemplo, o professor propõe um jogo em pares, um dos alunos fica sem parceiro e ele se oferece para participar junto, dando-lhe apoio durante a execução "como estamos em número ímpar, Maria ficou sem parceiro, eu fico com você e fazemos o jogo juntos, tudo bem eu ficar com você? Eu adoraria jogar junto".

- Dar confiança. Por exemplo, em uma classe, dar um circuito na parte rasa da piscina, para que algumas crianças possam ajudar outras e delega responsabilidades a elas. "Se tiverem dúvidas sobre como subir no tapete flutuante, podem perguntar a mim ou a seus parceiros, qualquer um irá ajudá-los".

- Comportar-se como um modelo positivo. Por exemplo, o professor propõe uma tarefa de orientação subaquática e entra na água com eles para mostrar preocupação em estar com todos, ajudando e incentivando aqueles que têm mais dificuldade, dando reforços para perseverar. "Vamos procurar os tesouros na água que marcamos no dia anterior, cada um seguindo o seu ritmo, estarei por perto caso precisem de algo. Lembrem, todos nós podemos melhorar, cada um ao nosso nível, se estivermos cansados, descansamos até percebermos que podemos continuar, estarei com vocês o tempo todo".

Fase 10. Avaliação formativa

Tradicionalmente, os educadores aquáticos concentram-se na transmissão correta das habilidades motoras aquáticas, e não tanto na compreensão das causas pelas quais as crianças não as compreendem. Mas se a aprendizagem é realmente importante, a busca pela competência aquática, seria interessante ter uma ampla variedade de atividades que nos permitirão ver como a aprendizagem do participante está crescendo, identificando seus pontos fortes e analisando os erros que lhes permitam continuar melhorando. A avaliação deve ter em mente a participação da criança.

Para realizar uma avaliação formativa com o MAC, é necessário esclarecer e compartilhar os objetivos e critérios de sucesso da aprendizagem, obter informações claras sobre a aprendizagem da criança através de diferentes formas de avaliação, fornece feedback formativo ao aluno para apoiar sua aprendizagem aquática, promover o exemplo entre companheiros e a coavaliação e a autonomia da criança na aprendizagem através da autoavaliação e auto regulação. Promover a autoavaliação no aprendiz permite uma reflexão metacognitiva. Esta situação confirmaria a percepção de controle do aprendiz sobre o aprendizado. Portanto, seria ideal avaliar periodicamente para entender o que sabem. Todos somos suscetíveis a ilusões que enganam nosso julgamento sobre o que sabemos e o que podemos fazer. As provas, os testes ajudam a avaliar nosso julgamento sobre o que aprendemos. O ato de recuperar o que foi aprendido da memória tem dois benefícios profundos: revela o que sabemos e o que não sabemos e, portanto, onde focar a preocupação subsequente de melhorar as áreas nas quais precisamos melhorar; lembrar o que aprendemos faz com que o cérebro reconsolide a memória, o que fortalece as conexões com o que já é conhecido e facilita a lembrança no futuro. A recuperação interrompe o esquecimento. Um dos melhores hábitos que uma criança pode adquirir é se autoavaliar regularmente para recalibrar sua compreensão do que sabe e do que não sabe.

Portanto, a avaliação mais importante é aquela realizada durante todo o processo de aprendizagem, pois ajuda a criar uma cultura de autorreflexão e uma avaliação focada na aprendizagem, e não apenas no resultado. Neste sentido, estamos comprometidos em integrar essa avaliação ao processo de ensino, a fim de detectar as dificuldades dos alunos no momento em que aparecem e, assim, possibilitar a construção facilitada do conhecimento adquirido. Esta avaliação formativa é a que permite fornecer feedback que ajuda o aluno a descobrir como está progredindo em um ou mais de seus objetivos, além de melhorar e refinar sua competência aquática. Isto permite que o professor identifique onde estão os aprendizes, que saiba quais dificuldades encontram em seu processo de aprendizagem e determine o próximo passo em direção a fechar a lacuna entre o conhecimento atual e as metas esperadas e qual é a melhor maneira de chegar lá. Exemplos específicos de medição são apresentados na seção de avaliação.

Não tenha medo, sempre estarei ao seu lado!

O uso de instrumentos de controle é obrigatório.

Capítulo 4
MEDIÇÃO
DA COMPETÊNCIA AQUÁTICA

Introdução

Um dos aspectos que mais nos preocupa é como saber se as crianças estão adquirindo a competência aquática desejada a cada momento evolutivo. Vários autores estudaram a competência motora aquática (Erbaugh, 1981, 1986; del Castillo, 2001; Langerdorfer e Bruya, 1995; McGraw, 1939) e serviram de inspiração para o desenvolvimento de escalas ou testes de observação. A competência de crianças de três a cinco anos pode ser expressa tanto fora como dentro da água. É verdade que a maioria dos estudos foi realizada no contexto terrestre (Ruiz et al., 2001), mas como também foi explicitado, a criança tem o potencial de se expressar efetivamente na água, se tiver oportunidade para isso, se for permitido aprender (Moreno e Gutiérrez, 1998; Moreno, Pena e Del Castillo, 2004). Esta etapa é caracterizada pela apreensão e conhecimento da ação global e da experiência, sendo o início da educação coletiva; portanto, para muitas crianças, envolverá os primeiros imperativos sociais. É quando surgem os dilemas entre a competência real e competência percebida (Ruiz e Graupera, 2005).

A criança aprende a ser competente dentro e fora da água quando aprende a interpretar situações que exigem uma atuação competente (Ruiz, 1995). Estas situações desenvolvem os recursos necessários para responder adequadamente às demandas, o que significa o desenvolvimento de um sentimento de eficiência para agir, de confiança para poder se ajustar a situações problemáticas que surgem e a alegria de ser a causa da transformação do próprio meio (Harter, 1981a). Ao longo da infância aprende um conjunto de habilidades concretas e modulares que lhe permite flutuar, mover-se ou respirar na água, mas progressivamente a função lúdica é convidada a mostrar suas possibilidades de ação, resolver problemas aquáticos que permitam integrar suas habilidades modulares em habilidades mais integrativas. Mas, da mesma maneira que as crianças desenvolvem sua competência efetiva, também está se desenvolvendo e fortalecendo a dimensão percebida da competência aquática. Neste sentido, as crianças não se consideram competentes da mesma maneira em diferentes campos de atuação e, portanto, é necessário distinguir as dimensões da noção de competência de acordo com o domínio de realização a que se refere: competência cognitiva (que se refere às realizações intelectuais e escolares), competência social (que são relações que a criança pode estabelecer com seus pares) e competência física (que envolve combinar os resultados que a criança obtém em jogos e esportes e que envolvem um alto compromisso motor). Durante o aprendizado, quando as crianças obtêm resultados competentes e bem-sucedidos em suas diferentes práticas, causa um prazer intrínseco que as encoraja a manter e melhorar sua competência (Shapiro, Yun e Ulrico, 2002), por isso é necessário medi-la.

Medição da competência aquática

O estudo da competência aquática foi tratado por vários autores e sob vários pontos de vista. McGraw (1939) foi uma das pioneiras no estudo do desenvolvimento motor na água em idades inferiores a três anos. Erbaugh (1981) pôde observar que há uma sequência de mudanças de intenção nas habilidades motoras aquáticas de crianças entre 2 e 6 anos. Outros pesquisadores estudaram a evolução motora em relação à água: Mayerhorfer (1952), Azemar (1974), Le Camus (1974), Diem, Bresges e Hellmich (1978), Erbaugh (1979), entre outros. Outros exemplos são baseados em experiências pessoais, em autores como Langerdorfer, Roberts e Ropka (1987) e nos estudos de Jorge, Edison, Roberta e Victor (2013) e Moreno (2005b).

Todos esses estudos contam com o papel do educador para garantir que as atividades propostas sejam ideais para provocar na criança o processo que a desenvolve em todos os sentidos, fornecendo as informações necessárias em cada situação para que cada passo adiante esteja apoiado na construção prévia de cada pessoa. Esta função inclui a avaliação contínua dos resultados obtidos com base no conhecimento sobre habilidades socioafetivas, de comunicação, cognitivas e do compêndio de habilidades motoras aquáticas que fazem parte do desenvolvimento pleno das capacidades do ser humano. Se o aprendiz for capaz de assimilá-las de maneira significativa, será facilitada a possibilidade de competência aquática na criança.

A seguir são mostrados os instrumentos para medir a competência aquática desde os 6 meses até os 5 anos a partir de uma perspectiva multidimensional.

Competência aquática de 6 a 12 meses

Para verificar a competência aquática nestes meses da vida da criança, o Inventário de Desenvolvimento Evolutivo no Meio Aquático de 6 a 12 meses é apresentado (Salar, Moreno-Murcia e Ruiz, 2018).

Inventário de Desenvolvimento Evolutivo no Meio Aquático de 6 a 12 meses (IDEA-1)

Este inventário é composto por um total de 14 itens agrupados em quatro áreas (Tabela 4.1 e 4.2). Quanto à composição do instrumento, a área socioemocional é constituída por três itens nos quais é apreciada a competência do bebê em estabelecer interações sociais e emocionais significativas, sua atitude em relação à tarefa apresentada, seu relacionamento com adultos ou colegas, o jogo, as regras, a expressão de seus sentimentos e sua identificação de si mesmo como pessoa (por exemplo, "Atende ao nome se virando quando é chamado de qualquer ângulo da piscina"). A área comunicativa é composta por três itens relacionados à recepção e expressão de pensamentos e ideias por meios verbais e não verbais, competência para discriminar, compreensão do significado de mensagens, sons, regras gramaticais e uso do significado no meio aquático (por exemplo, "Associa palavras a ações ou objetos"). A área cognitiva é estabelecida por três itens que exploram habilidades e competências conceituais, valorizando a discriminação perceptiva, a memória, o raciocínio e o desenvolvimento conceitual (por exemplo, "Explora ou investiga o ambiente"). A área de habilidades motoras é composta por cinco itens que avaliam a capacidade do bebê de usar e controlar movimentos globais e específicos, incluindo na avaliação os comportamentos de deslocamento, manipulação, equilíbrio, giros, percepção espaço-temporal, imersão e respiração (por exemplo, "Equilíbrio dorsal").

Tabela 4.1 Inventário (IDEA-1) para medir a competência aquática de 6 meses a 1 ano

Áreas	Itens	Descrição da ação
Sócio-emocional	**Entrada na água** A criança entra na piscina nos braços do acompanhante e se observa sua reação.	1. A criança entra chorando. 2. A criança entra com um gesto assustado e se agarra 3. firmemente ao acompanhante. Observa a piscina, os brinquedos e companheiros. 4. A criança entra feliz, observa a piscina, brinquedos companheiros, participa moderadamente dos jogos. 5. A criança entra feliz, permanece livre, se move e brinca.
	Responde a seu nome girando-se quando é chamado de qualquer ângulo da piscina Enquanto a criança brinca na água presa por uma estrela formada por flutuadores tubulares, ela é chamada pelo nome e sua resposta é observada. Pode ser chamado até 3 vezes. É importante que a criança mova a cabeça, os olhos ou mude a posição do corpo pelo menos 2 das 3 vezes.	1. Não responde. 2. Responde uma vez quando o interlocutor está na sua frente. 3. Responde uma vez ao seu nome de outro lugar ou posição ou duas vezes quando o interlocutor está na sua frente. 4. Responde sempre e de qualquer lugar ou posição.

Áreas	Itens	Descrição da ação
Socio-emocional	**Brinca de esconde-esconde** A criança é incentivada a brincar presa por flutuadores tubulares em forma de estrela. O acompanhante se esconde debaixo d'água e observa se, quando sai, a criança olha para o lugar onde aparece, chamando sua atenção dizendo coisas como "achei, buu, aqui estou".	1. Não brinca, se mostra indiferente ao ver o acompanhante sair da água 2. Fica passivo, observa a saída, mas não interage ou participa da brincadeira. 3. Às vezes, participa da brincadeira, acompanhando com o olhar e as expressões quando saímos de perto de seu campo de visão. 4. Participa ativamente com expressões e exige a brincadeira
Comunicação	**Associa palavras a ações ou objetos** Depois de apresentar certas brincadeiras e ações durante 2 ou 3 aulas, o bebê é solicitado a apontar, vocalizar, executar uma ação ou procurar a resposta. Alguns exemplos podem ser: Onde estão as bolas? Você pode fazer bolhas com as mãos? Vamos ver como você faz bolhas. Você pode colocar o patinho na água?	1. A criança não responde a nenhuma ação ou palavra. 2. Apenas responde a uma ação. 3. Responda apenas a ações ou procura de objetos. 4. Responde tanto às ações que lhe são impostas quanto aos objetos, procurando-os, apontando-os ou nomeando-os.
	Balbucia expressivamente A criança é observada na água e avaliada se balbucia expressivamente na brincadeira.	1. A criança não emite nenhum som. 2. A criança balbucia as vezes. 3. A criança balbucia quando é envolvida na brincadeira ou gosta da ação. 4. A criança balbucia sempre.
	Emite sons (consoantes - vogais) O vocabulário da criança é observado durante a brincadeira, vendo se chama a mãe /pai/ acompanhante e se realiza expressões quando falamos "chama a mamãe", ver se repete com um som de consoante-vogal.	1. A criança não emite nenhum som consoante-vogal. 2. A criança emite muito raramente o som consoante-vocal ou o faz apenas por imitação e apenas algumas vezes. 3. A criança emite alguns sons e quase sempre imita os que são propostos. 4. A criança sempre emite sons e imita aqueles que são propostos.
Cognitiva	**Explora ou investiga o ambiente** A criança é colocada em um flutuador tubular em forma de estrela e seu comportamento é observado no ambiente.	1. A criança permanece quieta, sem demonstrar atenção ao que acontece na piscina. 2. A criança observa a piscina e o que acontece nela. 3. A criança observa a piscina e tenta pegar um objeto ou interagir com uma criança próxima. 4. A criança se aproxima ou exige se aproximar dos demais colegas e tenta pegar os brinquedos e interagir com eles.
	Explora objetos A criança é colocada tubular na posição vertical, movemos um brinquedo flutuando na água, se a criança não tenta pegar o brinquedo o entregamos a ela	1. A criança não explora o brinquedo. 2. A criança explora o brinquedo por 0 a 8 segundos. 3. A criança explora o brinquedo por 8 a 14 segundos. 4. A criança explora o brinquedo por mais de 14 segundos.

Áreas	Itens	Descrição da ação
Cognitiva	**Levanta uma pote para pegar um brinquedo** A criança é colocada com um flutuador tubular na frente de um tapete ou borda. Movemos um brinquedo sobre o tapete para chamar sua atenção. Quando estiver olhando, o cobrimos com um pote. Ao mesmo tempo, dizemos "O... está escondido. Onde está o...?" O pote é levantada e dizemos "aqui está o..." O mesmo procedimento é repetido. Na terceira vez, terminamos sem levantar o pote, aguardando a resposta da criança.	1. A criança não mostra interesse em pegar o brinquedo. 2. A criança olha para o pote e gesticula para nós o levantarmos. 3. A criança tenta levantar o pote, mas não consegue 4. A criança levanta o copo e consegue o brinquedo
Motricidade	**Deslocamento / propulsão** A criança se move através da piscina com flutuadores tubulares nas axilas, deixando livres braços e pernas.	1. A criança mostra uma posição de paraquedas, na qual os braços e as pernas estão com extensão e tensão máximas, não relaxa perante o movimento. 2. A criança se mostra em posição de "colo", deixa ser sustentada nos braços e seu corpo acompanha o movimento. 3. A criança se mostra em uma posição semiflexionada, os braços e as pernas relaxados, se movem, mas não são capazes de facilitar o deslocamento ou respingar água. 4. A criança é mostrada em uma posição semiflexionada, os braços e as pernas se movem acompanhando o movimento, respingando água com as mãos e pedalando com os pés.
	Mergulho A criança sentada na beira da piscina e o acompanhante de dentro, na frente dela, a convida a entrar.	1. A criança se recusa a entrar na piscina. 2. A criança entra na piscina com apoio nos braços ou antebraços. 3. A criança entra na piscina com apoio das mãos. 4. A criança entra na piscina autonomamente.
	Controle da respiração A criança é estimulada a bater as mãos e observamos como age quando se molha.	1. Não respinga e se sente a sensação de água no rosto, fica assustada ou chora. 2. Respinga com cuidado e fica irritada com a sensação de água no rosto. 3. Respinga com cuidado, mas quando se molha acidentalmente, continua com a brincadeira sem aspirar água. 4. Respinga com as mãos e / ou as pernas e quando a água cai em seu rosto, não fica com medo, aproveitando a atividade.

Áreas	Itens	Descrição da ação
Motricidade	**Equilíbrio dorsal** A criança é sustentada com apoio da cabeça e avaliamos se fica em flotação dorsal.	1. A criança não aceita a posição, recusa-se a mergulhar a orelha na água, tenta se levantar flexionando o pescoço, a pelve e o tronco. 2. A criança mantém a posição em um ponto fixo. 3. A criança aceita a posição e a mantém em um flutuador tubular. 4. A criança mantém a posição na flutuação dorsal de forma autônoma.
	Equilíbrio vertical O comportamento da criança é observado na posição vertical, com apoio em um flutuador tubular.	1. A criança é incapaz de ficar sozinha com o apoio do flutuador tubular. 2. A criança permanece quieta, com braços e pernas em extensão e tensão máxima. 3. A criança permanece no flutuador tubular e é capaz de respingar ou pegar objetos que ficam perto da sua mão. 4. A criança permanece no flutuador tubular e inicia o movimento dos braços e pernas para buscar o deslocamento e a procura de objetos distantes.

Tabela 4.2 Ficha de dados para medir a competência aquática de 6 meses a 1 ano

Áreas		Nível 1	Nível 2	Nível 3	Nível 4
Socio-emocional	Entrada na água	1	2	3	4
	Responde seu nome girando quando é chamado	1	2	3	4
	Brinca de esconde-esconde	1	2	3	4
Comunicação	Associação de palavras com ações ou objetos	1	2	3	4
	Balbucia expressivamente	1	2	3	4
	Emissão de sons (consoante-vogal)	1	2	3	4
Cognitiva	Exploração do ambiente	1	2	3	4
	Exploração de objetos	1	2	3	4
	Levanta o copo para conseguir um brinquedo	1	2	3	4
Motricidade	Deslocamento/propulsão	1	2	3	4
	Mergulho	1	2	3	4
	Controle da respiração	1	2	3	4
	Manipulações	1	2	3	4
	Equilíbrio em flutuação dorsal	1	2	3	4
	Equilíbrio na vertical	1	2	3	4
	Observações:				

Competência aquática de 1 a 2 anos

O Inventário de Desenvolvimento Evolutivo Aquático para a idade de 1 a 2 anos é (Salar e Moreno-Murcia, em fase de impressão), composto por um total de 12 itens agrupados em quatro áreas.

Inventário de Desenvolvimento Evolutivo Aquático para a idade de 1 a 2 anos (IDEA-2)

Em relação à composição do instrumento (Tabela 4.3 e 4.4), a área socioemocional é constituída por três itens em que a competência da criança em estabelecer interações sociais e emocionais significativas, sua atitude em relação à tarefa apresentada, sua relação com adultos ou seus colegas, o jogo, as regras, a expressão de seus sentimentos e a identificação de si mesmo como pessoa (por exemplo, "Imita outra criança"). A área comunicativa é composta por três itens relacionados à recepção e expressão de pensamentos e ideias por meios verbais e não verbais, competência para discriminar, compreensão do significado das mensagens, sons, regras gramaticais e o uso do significado no ambiente aquático (por exemplo, "Segue as ordens acompanhadas de gestos"). A área cognitiva é estabelecida por três itens que exploram habilidades e competências de natureza conceitual, valorizando a discriminação perceptiva, a memória, o raciocínio e o desenvolvimento conceitual (por exemplo, "Procura um objeto perdido"). A área da competência motora é composta por três itens que avaliam a capacidade do bebê de usar e controlar movimentos globais e específicos, incluindo na avaliação os comportamentos de deslocamento, manipulação, equilíbrio, giros, percepção espaço-temporal, imersão e respiração (por exemplo, "Manipulações").

Tabela 4.3 Inventário (IDEA-2) para medir a competência aquática de 1 a 2 anos

Áreas	Itens	Descrição da ação
Socio-emocional	**Inicia contato social com colegas.** Observa-se, se a criança com um flutuador tubular na água inicia o contato com os outros companheiros, oferecendo-lhes brinquedos, aproximando-se, salpicar água ou conversando com eles.	1. Não interage com o resto dos companheiros. 2. Interage muito poucas vezes 3. Interage quase sempre. 4. Inicia contato social sempre.
	Imita outra criança É proposto um jogo (fazer bolhas com as mãos) e observa-se, se a criança com um flutuador tubular na água, imita os companheiros que executam a ação.	1. Não executa a ação. 2. Imita o jogo em poucas ocasiões 3. Imita o jogo às vezes. 4. Imita o jogo sempre.
	Segue regras A criança com um flutuador tubular na água é solicitada a executar uma ação simples, como passar por baixo do túnel que foi formado com o tapete.	1. Não responde ao pedido. 2. Responde muito poucas vezes. 3. Responde quase sempre. 4. Sempre responde
Comunicação	**Segue ordens acompanhadas de gestos** Solicita-se ao acompanhante que emita as seguintes ordens, avaliando se a criança responde a elas. Um máximo de duas aplicações são feitas para cada uma delas, se necessário.	1. A criança não obedece a nenhuma das ordens. 2. A criança responde de alguma forma ao pedido, mas não o executa ou executa apenas um dos pedidos. 3. A criança responde a 2 dos 4 pedidos. 4. A criança responde a pelo menos 3 dos pedidos.
	Usa palavra(s) para tornar seus desejos conhecidos Observa-se se no jogo usa a palavra para exigir objetos, a presença do acompanhante ou a atividade. Pede a bola quando não pode alcançá-la. Chama o acompanhante quando quer ir com ele. Pede mais quando gosta de uma atividade.	1. A criança não usa a palavra para fazer com que seus desejos sejam conhecidos. 2. A usa muito poucas vezes 3. A usa quase sempre. 4. Sempre a utiliza.
	Usa dez ou mais palavras Os pais devem dizer as palavras que a criança entende e usa. Não é necessário que as palavras sejam foneticamente corretas (é considerado válido se usar au-au para cães). Variações da mesma palavra são contadas como uma somente (mãe e mamãe).	1. Utiliza menos de 3 palavras. 2. Utiliza de 3 a 6 palavras. 3. Utiliza de 6 a 9 palavras. 4. Utiliza 10 ou mais palavras.

Cognitiva	**Procura um objeto desaparecido.** A criança é colocada com o flutuador tubular na frente do acompanhante. Mostramos um objeto que logo é escondido na água uns 20 centímetros, retirando-o após alguns segundos dizendo "Olha, aqui está o...". O procedimento é repetido e na terceira vez esperamos sua resposta.	1. A criança não mostra nenhuma tentativa de procura. 2. A criança olha para onde está o brinquedo, mas se cansa imediatamente. 3. A criança olha para onde está o brinquedo e tenta ou sinaliza para pegá-lo. 4. A criança coloca a mão na água e tenta alcançar o brinquedo..
	Construí uma torre de 2 cubos O participante é colocado com o flutuador tubular em frente a borda e propomos construir uma torre com cubos, primeiro a fazemos e depois a desmontamos.	1. A criança não mostra interesse pelos cubos. 2. A criança pega os cubos, mas não os coloca. 3. A criança coloca o primeiro cubo, mas o segundo cai quando colocado. 4. A criança faz a torre com os dois cubos..
	Estende os braços para pegar um brinquedo dentro de um cubo transparente A criança é colocada com o flutuador tubular na posição vertical e um cubo transparente é colocado na borda, na altura de seus braços. Pedimos que pegue o brinquedo.	1. Não faz tentativas de pegar o objeto. 2. Aponta para o objeto e nos pede para pegá-lo. 3. Tenta pegar o objeto. 4. Pega o objeto do cubo..
Motricidade	**Deslocamento / propulsão** O participante fica com o apoio de um flutuador tubular debaixo dos braços e a piscina é preenchida de brinquedos, esperando que a criança brinque, pegue e interaja com eles.	1. A criança mostra uma posição de paraquedas, na qual os braços e as pernas estão com extensão e tensão máximas, não relaxa e não inicia o movimento. 2. A criança está relaxada, brinca com a água ou com objetos próximos, mas não inicia o movimento. 3. A criança realiza o movimento das pernas em bicicleta de maneira pouco eficaz e os braços se equilibram e procuram objetos próximos. 4. A criança percorre a piscina com um movimento eficaz das pernas, equilibrando-se com os braços procurando objetos.
	Mergulhos A criança de pé na borda da piscina e o acompanhante dentro dela, na sua frente, o convida a entrar.	1. A criança não entra na piscina. 2. A criança se senta e entra na piscina na posição sentada com ou sem ajuda. 3. A criança pede apoio para se lançar de pé. 4. A criança se joga de pé de forma autônoma.
	Manipulações Se oferece brinquedos a criança observando seu comportamento.	1. A criança não é capaz de pegar objetos ou apenas consegue com uma mão. 2. A criança pega um objeto com cada mão. 3. A criança pega no centro do objeto ou pega um objeto com cada mão e choca com eles. 4. A criança pega um objeto com cada mão e ao oferecer-lhe um terceiro, solta um deles para pegá-lo.

Tabela 4.4 Ficha de dados para medir a competência aquática de 1 a 2 anos

Áreas		Nível 1	Nível 2	Nível 3	Nível 4
Socio-emocional	Início do contato social com os companheiros	1	2	3	4
	Imitação de outra criança	1	2	3	4
	Seguimento de regras	1	2	3	4
Comunicação	Seguimento de regras acompanhadas de gestos	1	2	3	4
	Uso de palavra/s para fazer saber de seus desejos	1	2	3	4
	Utilização de dez ou mais palavras	1	2	3	4
Cognitiva	Busca um objeto desaparecido	1	2	3	4
	Construção de uma torre de 2 cubos	1	2	3	4
	Estende os braços para conseguir um brinquedo dentro de um cubo transparente	1	2	3	4
Motricidade	Deslocamento/propulsão	1	2	3	4
	Mergulho	1	2	3	4
	Manipulações	1	2	3	4
	Observações:				

Competência aquática de 2 a 3 anos

O Inventário de Desenvolvimento Evolutivo Aquático para a idade de 2 a 3 anos é apresentado (Salar e Moreno-Murcia, em fase de impressão), composto por um total de 12 itens agrupados em quatro áreas.

Inventário de Desenvolvimento Evolutivo Aquático para crianças de 2 a 3 anos (IDEA-3)

A escala é composta por um total de 12 itens agrupados em quatro áreas (Tabela 4.5 e 4.6). Em relação à composição do instrumento, a área socio-emocional é constituída por três itens em que é valorizada a competência da criança em estabelecer interações sociais e emocionais significativas, sua atitude frente à tarefa apresentada, seu relacionamento com adultos ou colegas, a jogo, as regras, a expressão de seus sentimentos e identificação de si mesmo como pessoa (por exemplo, "Reconhece o nome dele"). A área comunicativa é composta por três itens relacionados à recepção e expressão de pensamentos e ideias por meios verbais e não verbais, competência para discriminar, compreensão do significado das mensagens, sons, regras gramaticais e uso do significado no ambiente aquático (por exemplo, "Nomeia três objetos na piscina"). A área cognitiva é estabelecida por três itens que exploram habilidades e competências conceituais, avaliando a discriminação perceptiva, a memória, o raciocínio e o desenvolvimento conceitual (por exemplo, "Escolhe a mão que esconde o brinquedo"). A área de competência motora é composta por três itens que avaliam a capacidade da criança de usar e controlar movimentos globais e específicos, incluindo na avaliação os comportamentos de deslocamento, manipulação, equilíbrio, giros, percepção espaço-temporal, imersão e respiração (por exemplo, "Manipulações").

Tabela 4.5 Inventário (IDEA-3) para medir a competência aquática de 2 a 3 anos

Áreas	Itens	Descrição da ação
Socio-emocional	**Entrada na piscina a partir da borda** O acompanhante, de dentro da piscina, convidará a criança (que estará de pé na borda da piscina) para entrar.	1. A criança se recusa a entrar. 2. A criança entra com medo na piscina e depende do acompanhante. 3. A criança quer entrar, apoiando-se no acompanhante para fazê-lo. 4. A criança se joga da borda da piscina.
	Conhece o seu nome Se perguntamos a criança qual é seu nome	1. Não responde com seu nome nem o identifica 2. É chamado por quatro nomes alternativos e a criança responde afirmativamente ao seu: "o seu nome é Juan? o seu nome é Pedro?" 3. Precisamos perguntar várias vezes para obter resposta. 4. Responde dizendo seu nome ou seu nome e sobrenomes.
	Usa o pronome ou o nome dele para se referir a si próprio Durante a prática, são criadas atividades (alimentando os patos, colocando-os para dormir, jogando bolas) e perguntamos à criança coisas como, quem está alimentando os patos? quem tem o pato na mão? de quem é a bola lilás?	1. A criança nunca responde com um "eu", "mim" ou o nome dele. 2. A criança responde muito poucas vezes 3. Responde quase sempre. 4. Sempre responde

Áreas	Itens	Descrição da ação
Comunicação	**Entende os conceitos "dentro, fora, acima, na frente, atrás, em direção"** A criança é mantida no flutuador tubular e recebe um tapete, um pato e uma bola. É importante que a criança coloque o pato na posição correta. O pato quer estar na água. O pato quer ficar fora d'água. O pato quer estar no tapete. O pato quer estar na frente da bola.	1. A criança responde ao menos 2 ordens. 2. A criança responde a 2 ou 3 ordens. 3. A criança responde até 4 ordens. 4. A criança responde a mais de 4 ordens.
	Nomear três objetos da piscina Três objetos conhecidos (bola, pato, flutuador tubular) são apresentados à criança colocada na flutuador tubular e solicitamos nomeá-los, após lembrá-los. As expressões incorretas que se referem ao objeto serão consideradas válidas.	1. A criança não sabe nenhum nome. 2. A criança reconhece um nome. 3. A criança reconhece dois nomes. 4. A criança reconhece os três nomes.
	Usa os pronomes "eu", "você" e "mim" A linguagem da criança é ouvida e os pais são questionados sobre o uso desses pronomes. Não é necessário que o uso seja gramaticalmente correto.	1. A criança não utiliza pronomes. 2. A criança os utiliza muito poucas vezes. 3. Os utiliza às vezes. 4. Os utiliza normalmente.
Cognitiva	**Se reconhece a si mesmo como a causa dos acontecimentos** Observa-se o comportamento da criança para determinar se indica reconhecimento de si mesma como causa ou razão de um fato.	1. Nunca se reconhece como causa do evento, nem repete a ação que espontaneamente causou um fato. 2. Se reconhece como a causa do evento e repete a ação que espontaneamente causou um evento uma ou duas vezes. 3. Se reconhece como causa de evento ou fatos repetidos três vezes. 4. Sempre se reconhece como a causa dos eventos e os repete para ver a consequência.

Áreas	Itens	Descrição da ação
Cognitiva	**Escolhe a mão que esconde o brinquedo** A criança apenas com seu flutuador tubular na frente do acompanhante recebe um brinquedo e dizemos "você vê o brinquedo? vou escondê-lo, quando dizer 'Já', vamos ver se você o encontra". A criança deve estar observando onde o brinquedo está escondido na mão. Na primeira aplicação, é escondido na mão direita, as mãos são colocadas atrás das costas e, em voz baixa, contamos até 10 e as mãos são mostradas. Dizemos: "E agora, onde está o brinquedo?" Na segunda aplicação, escondemos na esquerda, na terceira na esquerda e na quarta na direita	1. A criança não responde ou responde bem 1 vez. 2. A criança acerta 2 vezes. 3. A criança acerta 3 vezes. 4. A criança acerta todas as vezes.
	Repete sequências de dois dígitos Com a criança apenas com seu flutuador tubular, damos uma mensagem: "Ouça muito bem para ver se você consegue repetir. Diga dois (não continuamos se a criança não repetir). Continuamos com os seguintes números, com uma pausa de 1 segundo entre um dígito e outro e podemos apoiar a ação com o número de bolas ou brinquedos exigidos: 2,4 / 3,6 / 5,8	1. Não repete nenhuma sequência. 2. Repete apenas um número da sequência. 3. Repete duas sequências. 4. Repete as três sequências.
Motricidade	**Deslocamento / propulsão** A criança é deixada com o apoio de um flutuador tubular entre as pernas.	1. A criança não é capaz de manter o equilíbrio com o apoio da flutuador tubular entre as pernas. 2. A criança fica por até cinco segundos com a flutuador tubular entre as pernas e na posição vertical. 3. A criança é capaz de permanecer com o flutuador tubular entre as pernas e avançar com ele. 4. A criança é capaz de ficar e se mover para onde quiser com o flutuador tubular entre as pernas.
	Mergulho A criança de pé na borda da piscina e o acompanhante dentro, na frente dele, o convida a entrar.	1. A criança não entra na piscina. 2. A criança entra na posição sentada. 3. A criança entra em pé com ajuda. 4. A criança se joga em pé de forma autônoma.
	Manipulações Em uma posição estável em um flutuador tubular, diferentes bolas de tamanho adequado serão colocadas em torno dele para que possam ser manipuladas.	1. A criança não é capaz de pegar objetos. 2. A criança os pega com a mão inteira. 3. A criança executa uma pinça digital imperfeita. 4. A criança pega as bolas com a pinça digital superior.

Tabela 4.6 Ficha de dados para medir a competência aquática de 2 a 3 anos

Áreas		Nível 1	Nível 2	Nível 3	Nível 4
Socio-emocional	Entrada na piscina desde a borda	1	2	3	4
Socio-emocional	Identificação do seu nome	1	2	3	4
Socio-emocional	Utilização do pronome ou seu nome para referir-se a si mesmo	1	2	3	4
Comunicação	Compreensão dos conceitos para "dentro, fora, cima, frente, trás"	1	2	3	4
Comunicação	Identificação de três objetos da piscina	1	2	3	4
Comunicação	Uso dos pronomes "eu", "você" e "mim"	1	2	3	4
Cognitiva	Reconhecimento de si mesmo como causa de eventos	1	2	3	4
Cognitiva	Escolha da mão que esconde o brinquedo	1	2	3	4
Cognitiva	Repetição de sequências de dois dígitos	1	2	3	4
Motricidade	Deslocamento/propulsão	1	2	3	4
Motricidade	Mergulho	1	2	3	4
Motricidade	Controle da respiração	1	2	3	4
Motricidade	Manipulações	1	2	3	4
	Observações:				

Competência aquática de 3 a 4 anos

Inventário de Desenvolvimento Evolutivo Aquático para crianças de 3 a 4 anos (IDEA-4))

A escala é composta por um total de 17 itens agrupados em quatro áreas (Tabela 4.7 e 4.8). Em relação à composição do instrumento, a área socioemocional é constituída por cinco itens em que é valorizada a competência da criança em estabelecer interações sociais e emocionais significativas, entrada na água, relacionamento com adultos ou colegas e autonomia (por exemplo, "A criança responde a todas as perguntas feitas"). A área comunicativa consiste em quatro itens relacionados à identificação com analogias opostas, reconhecimento de cores, humores e sensações, livre expressão e numeração até 3 (por exemplo, "sabe contar até 3"). A área cognitiva é estabelecida por três itens que se concentram no entendimento das instruções, na exploração do material e na identificação das partes do corpo (por exemplo, "É capaz de identificar as partes do seu corpo e de outro companheiro"). A área de competência motora é composta por cinco itens que avaliam a propulsão, saltos, respiração, equilíbrio e manipulação (por exemplo, "Quando jogam uma bola nas mãos, a pega sem que ela caia na água").

Tabela 4.7 Inventário para medir a competência aquática de 3 a 4 anos

Áreas	Itens	Descrição da ação
Socio-emocional	Entrada na água	1. A criança entra na água chorando. 2. A criança entra na água com um gesto assustado e se agarra firmemente ao acompanhante. 3. A criança entra na água moderadamente. 4. A criança entra feliz na água, permanece livre.
	Relação com o resto dos companheiros	1. Não se relaciona nada, sente receio. 2. Responde pouco quando é chamado para um jogo. 3. Responde ao jogo, mas não tem a iniciativa de iniciá-lo. 4. Relaciona-se efusivamente com o resto das crianças.
	Relação com o educador	1. Não está nada relacionado, desconfia. 2. Fica passivo, observa o educador com curiosidade. 3. Responde ao jogo, mas não tem a iniciativa de iniciá-lo. 4. Participa ativamente das atividades, além de se sentir apegado a ele.
	Resposta à perguntas	1. A criança não responde e se mostra com medo. 2. A criança não responde, mas se sente confortável. 3. Participa das atividades apresentadas pelo professor de forma moderada. 4. A criança responde a todas as perguntas que lhe fazem.
	Autonomia	1. Não coloca chinelos ou roupão de banho. 2. Coloca os chinelos, mas não o roupão de banho ou vice-versa. 3. Veste o roupão de banho, mas os chinelos ao contrário. 4. É capaz de colocar os chinelos e o roupão de banho sozinho.
Comunicação	Identificação de analogias opostas	1. A criança não conhece nenhuma analogia oposta. 2. A criança responde bem a 25% das analogias. 3. A criança responde bem entre 50-75 %% das analogias. 4. A criança conhece todas as analogias indicadas.
	Reconhecimento de cores, estados de ânimo e sensações	1. A criança não reconhece nada do que é indicado ou mostrado. 2. A criança reconhece apenas as cores. 3. A criança reconhece as cores e só sabe expressar se está feliz ou triste. 4. A criança reconhece cores, estados de ânimo e sentimentos.

Áreas	Itens	Descrição da ação
Comunicação	Expressão livre	1. A criança não emite nenhuma palavra em que expressa seus pensamentos durante a aula. 2. A criança informa o educador se tiver algum problema para resolvê-lo. 3. A criança avisa se tiver algum problema e, às vezes, o que está acontecendo com ela. 4. A criança sempre diz ao monitor o que acontece ou se tem algum problema.
	Numeração até 3	1. Não sabe contar até 3. 2. Tenta contar até três, mas não consegue. 3. Conta até 3 com a ajuda do professor. 4. Sabe contar até 3.
Cognitiva	Compreensão das instruções	1. A criança permanece quieta, sem demonstrar entendimento do que acaba de ser indicado. 2. A criança acena por ter entendido a instrução, mas não a executa. 3. A criança acena por ter entendido a instrução, mas a executa incorretamente. 4. A criança acena por ter entendido a instrução e a executa corretamente.
	Exploração do material	1. A criança fica desconfortável na piscina e não aceita o material. 2. A criança está calma, mas não quer tocar nos materiais, mostrando receio ou medo em relação a eles. 3. A criança está calma, investiga os materiais um pouco, mostrando curiosidade, mas tem precaução ao mesmo tempo. 4. A criança está totalmente à vontade e brinca com todo o material.
	Identificação das partes do corpo	1. Não é capaz de identificar partes do corpo. 2. Sabe indicar onde a cabeça, mãos e pés estão em seu próprio corpo. 3. É capaz de indicar todas as partes do seu próprio corpo, mas não em seus companheiros. 4. É capaz de identificar as partes em seu corpo e em outro companheiro.
Motricidade	Deslocamento/ propulsão	1. Não é capaz de se deslocar com a ajuda de material. 2. Move-se autonomamente com a ajuda de material na posição ventral, mas não na dorsal. 3. Move-se autonomamente com a ajuda do material na posição ventral e dorsal. 4. Move-se autonomamente sem a ajuda de material na posição ventral e dorsal.
	Salto	1. Não pula na água. 2. Pula dando um passo, sem flexionar as pernas. 3. Pula se impulsionando com as duas pernas sem flexioná-las. 4. Pula flexionando levemente as pernas e elevando-as simultaneamente.

Áreas	Itens	Descrição da ação
Motricidade	Controle da respiração	1. Parece que mergulha o rosto, mas não consegue introduzir nenhuma parte na água (boca, nariz e olhos). 2. Introduz apenas a boca e o nariz, mas não produz bolhas. 3. Faz bolhas introduzindo a boca e o nariz, mas não os olhos. 4. Introduz a boca, nariz e olhos fazendo bolhas e, quando sai, fica tranquilo, podendo até repeti-lo imediatamente.
	Equilíbrio / giros na vertical no eixo transversal	1. Não consegue girar no eixo transversal (para frente ou para trás). 2. Inicia a realização do giro para frente e para trás, mas não finaliza. Precisa da ajuda do professor para executá-lo. 3. Realiza corretamente o giro para frente, mas não consegue o giro para trás. 4. Pode realizar giros para frente e para trás sem problemas.
	Manipulação	1. Não é capaz de pegar uma bola que é jogada em suas mãos. 2. Quando jogam uma bola para suas mãos, direciona a mão para a bola, mas não consegue pegá-la. 3. Quando jogam uma bola para suas mãos, direciona a mão para a bola, a toca, mas falha em pegá-la. 4. Quando jogam uma bola para suas mãos, a pega sem que ela caia na água.

Tabela 4.8 Ficha para medir a competência aquática de 3 a 4 anos

Áreas		Nível 1	Nível 2	Nível 3	Nível 4
Socio-emocional	Entrada na água	1	2	3	4
	Relação com o resto dos companheiros	1	2	3	4
	Relação com o educador	1	2	3	4
	Resposta à perguntas	1	2	3	4
	Autonomia	1	2	3	4
Comunicação	Identificação de analogias opostas	1	2	3	4
	Reconhecimento de cores, estados de ânimo e sensações	1	2	3	4
	Expressão livre	1	2	3	4
	Numeração até o 3	1	2	3	4
Cognitiva	Compreensão das instruções	1	2	3	4
	Exploração do material	1	2	3	4
	Identificação das partes do corpo	1	2	3	4

Motricidade					
	Deslocamento/propulsão	1	2	3	4
	Salto	1	2	3	4
	Controle da respiração	1	2	3	4
	Equilíbrio / giros na vertical no eixo transversal	1	2	3	4
	Manipulação	1	2	3	4
	Observações:				

Competência aquática de 4 a 5 anos

Inventário de Desenvolvimento Evolutivo Aquático para crianças de 4 a 5 anos (IDEA-5)

A escala é composta por um total de 14 itens agrupados em quatro áreas (Tabela 4.9 e 4.10). Em relação à composição do instrumento, a área socioemocional é constituída por três itens que medem a entrada na água, autonomia e conforto com o ambiente e os materiais (por exemplo, "Entra na piscina confortavelmente e manuseia os materiais sem problemas"). A área comunicativa é composta por três itens relacionados à compreensão, construções verbais e incorporação de pronomes possessivos, advérbios e conjunções de tempo (por exemplo, "Incorpora em seu vocabulário geralmente os pronomes possessivos, advérbios e conjunções de tempo"). A área cognitiva é estabelecida por três itens que se concentram no sentido do tempo, atenção durante a aula e senso de ritmo (por exemplo: "Segue o ritmo de maneira coordenada em todos os momentos em que uma música é cantada e se propõe que dance"). A área de competência motora é composta por cinco itens que avaliam a propulsão, o salto, a respiração e o equilíbrio (por exemplo, "É capaz de permanecer em flutuação dorsal sem ajuda").

Tabela 4.9 Inventário para medir a competência aquática de 4 a 5 anos

Áreas	Itens	Descrição da ação
Socio-emocional	Entrada na água	1. A criança entra chorando. 2. A criança entra assustada e agarra firmemente à escada ou ao educador. 3. A criança entra na água, mas participa moderadamente das tarefas. 4. A criança entra feliz na água e participa abertamente de todas as tarefas.

Áreas	Itens	Descrição da ação
Socio-emocional	Autonomia	1. Não consegue andar até as escadas, tirar os sapatos, o roupão de banho, entrar na água, colocar os óculos e a touca. 2. É capaz de caminhar em direção à escada, mas não tira os sapatos, o roupão de banho, não entra na água, nem coloca os óculos e a touca. 3. É capaz de caminhar em direção à escada, tirar os sapatos, o roupão de banho, entra na água, mas não sabe colocar os óculos e a touca. 4. É capaz de caminhar em direção à escada, tirar os sapatos, o roupão de banho, entra na água e sabe colocar os óculos e a touca.
	Conforto com os arredores	5. Tem medo da piscina e não quer se aproximar dela. 6. Entra na piscina com receio e não quer se aproximar dos materiais. 7. Entra na piscina tranquilamente e manuseia os materiais de maneira moderada. 8. Entre na piscina confortavelmente e manuseia os materiais sem problemas.
Comunicação	Compreensão	1. Em uma área rasa, quando a criança é instruída a ir a um determinado material, não é capaz de fazê-lo. 2. Em uma área rasa, quando a criança é instruída a ir a um determinado material, ela tenta, mas finalmente não é capaz de fazê-lo. 3. Em uma área rasa, quando a criança é instruída a abordar determinado material, primeiro tem dúvidas, mas finalmente consegue fazê-lo. 4. Em uma área rasa, quando a criança é instruída a ir a um determinado material, o faz sem problemas.
	Construções verbais, exceto verbos irregulares	1. Tem dificuldade em executar construções verbais complexas. 2. Conjuga corretamente 50% dos verbos utilizados. 3. Conjuga corretamente 75% dos verbos utilizados. 4. Conjuga todos os verbos, até os mais complexos.
	Incorporação de pronomes possessivos, advérbios e conjunções de tempos	1. Não é capaz de incorporar em seu vocabulário nenhum pronome possessivo, advérbio ou conjunção de tempo. 2. Só é capaz de incorporar pronomes possessivos em seu discurso. 3. Incorpora em seu discurso pronomes possessivos e, às vezes, conjunções de tempo. 4. Regularmente incorpora pronomes possessivos, advérbios e conjunções de tempo em seu vocabulário.

Áreas	Itens	Descrição da ação
Cognitiva	Sentido do tempo	1. Tem problemas para lembrar o último dia que veio à piscina e com qual material brincou. 2. Só lembra o que fez na piscina e com qual material brincou, se o último dia que veio foi ontem. 3. Lembra o que fez na piscina e com qual material brincou, se o último dia que veio foi entre 2-5 dias. 4. Lembra o que fez na piscina e com qual material brincou mesmo se foi há mais de uma semana.
	Atenção durante a aula	1. Só consegue manter a atenção por no máximo 10 minutos durante a aula. 2. Só consegue manter a atenção por no máximo 20 minutos durante a aula. 3. Só consegue manter a atenção por no máximo 35 minutos durante a aula. 4. É capaz de manter a atenção durante toda a aula.
	Sentido do ritmo	1. Não é capaz de acompanhar o ritmo quando uma música é cantada e propomos dançar. 2. Segue o ritmo quando uma música é cantada e propomos dançar, mas de maneira descoordenada. 3. Segue o ritmo quando uma música é cantada e propomos dançar, mas às vezes ainda descoordenado. 4. Segue o ritmo de maneira coordenada em todos os momentos em que uma música é cantada e propomos dançar.
Motricidade	Deslocamento/ Propulsão	1. Não é capaz de se deslocar sozinho com ajuda de material. 2. Tenta fazer movimentos propulsivos, mas não é capaz de se deslocar sozinho com ajuda do material. 3. É capaz de se deslocar apenas com a ajuda de material. 4. É capaz de se deslocar sozinho, sem a ajuda de material e / ou adulto.
	Salto	1. Não é capaz de pular na piscina a uma altura de 20 cm com os pés juntos sem impulso. 2. Pula dando um passo sem flexionar as pernas a uma altura de 20 cm, com os pés juntos sem impulso. 3. Pula jogando as duas pernas a uma altura de 20 cm com os pés juntos sem impulso, mas sem flexioná-las muito. 4. Pula com os pés juntos, sem impulso, a uma altura de aproximadamente 20 cm.
	Controle da respiração	1. Não introduz o rosto ou as vias aéreas ao tentar pegar brinquedos debaixo d'água. 2. Introduz apenas o rosto, mas não as vias aéreas, quando tentar pegar brinquedos debaixo d'água. 3. Introduz a cabeça inteira ao tentar pegar brinquedos debaixo d'água, mas ainda não mostra um ótimo domínio. 4. Introduz a cabeça inteira quando tentar pegar brinquedos debaixo d'água com total facilidade.

Áreas	Itens	Descrição da ação
Motricidade	Equilíbrio na posição ventral	1. Incapaz de permanecer em flutuação ventral 2. Consegue permanecer em flutuação ventral com a ajuda do professor 3. É capaz de permanecer em flutuação ventral com a ajuda de material 4. É capaz de permanecer em flutuação ventral sem ajuda
	Equilíbrio na posição dorsal	1. Incapaz de permanecer em flutuação dorsal 2. É capaz de permanecer em flutuação dorsal com a ajuda do professor 3. É capaz de permanecer em flutuação dorsal com a ajuda de material 4. É capaz de permanecer em flutuação dorsal sem ajuda

Tabela 4.10. Ficha para medir a competência aquática de 4 a 5 anos

Áreas		Nível 1	Nível 2	Nível 3	Nível 4
Socio-emocional	Entrada na água	1	2	3	4
	Autonomia	1	2	3	4
	Conforto com o meio e materiais	1	2	3	4
Comunicação	Compreensão	1	2	3	4
	Construções verbais	1	2	3	4
	Incorporação de pronomes possessivos, advérbios e conjunções de tempos	1	2	3	4
Cognitiva	Sentido do tempo	1	2	3	4
	Atenção durante a aula	1	2	3	4
	Sentido do ritmo	1	2	3	4
Motricidade	Deslocamento/propulsão	1	2	3	4
	Salto	1	2	3	4
	Controle da respiração	1	2	3	4
	Equilíbrio na posição ventral	1	2	3	4
	Equilíbrio na posição dorsal	1	2	3	4
	Observações:				

Medição da competência aquática percebida

A importância educacional e evolutiva do ambiente aquático o coloca, cada vez mais insistentemente, nas prioridades educacionais preferidas no estágio infantil. Tudo isso devido aos inúmeros benefícios que podem ser obtidos com sua prática, tanto física, como cognitivo e ou sócio afetivo, inclusive psicoterapêutico, em relação aos medos, devido ao autoconhecimento e autocontrole que exige o meio aquático de qualquer pessoa.

Portanto, poder conhecer com algum instrumento de medição alguns dos processos envolvidos, é um dos objetivos que preocupa os especialistas em educação aquática. As possibilidades de percepção que o meio aquático oferece o tornam um ambiente ideal para estimular no bebê todas as habilidades motoras aquáticas necessárias para alcançar uma competência aquática ideal. Este desenvolvimento da competência visa gerar uma disposição futura da criança para a água, através da qual é gerada uma boa percepção da competência aquática, o que lhe permitirá ajustar a realidade à percepção, e suas percepções à realidade.

É possível pensar que uma baixa competência aquática percebida no estágio infantil possa ser a origem de problemas motivacionais e dificuldades emocionais em relação às práticas aquáticas, como é verificado em crianças com problemas evolutivos de coordenação motora (Causgrove-Dunn e Watkinson, 1994; Ruiz 2005). A relação entre a noção de competência motora percebida e a noção de autoestima e funcionamento psicossocial saudável é um registro de preocupação nos pesquisadores. Os educadores aquáticos nessas idades poderiam usar esses tipos de instrumentos para conhecer as percepções de seus aprendizes e para projetar e selecionar as tarefas mais apropriadas. Então, verificar o nível de percepção de competência pode ajudar o educador a encontrar uma maneira ideal de as crianças participarem mais das práticas aquáticas. Geralmente, neste sentido, pesquisas nessa área mostram que uma boa competência percebida leva a altos níveis de motivação intrínseca e ajuste com a competência real (Moreno-Múrcia, Huéscar, Polo, López, Carbonell e Meseguer, 2016; Moreno- Murcia, Huéscar e Richart, 2017). Nas pesquisas sobre a percepção de competência motora, os conceitos de autoestima e competência percebida são o centro das formulações surgidas da aprendizagem social teórica (Bandura, 1977).

Preocupados com esta questão, Moreno e Ruiz (2008) validaram um questionário composto por dez itens divididos em duas dimensões (Capacidade e Disposição). No caso da capacidade motriz aquática, está composto por seis itens, como: "Você é capaz de subir a escada? É capaz de flutuar? É capaz de permanecer na parte profunda sem ajuda do material? Você consegue colocar as moedas no cofrinho? Quantas argolas você consegue colocar na corda? e quando faz uma corrida com teus amigos na parte mais profunda, em que posição costuma chegar?" O fator de disposição em relação ao meio aquático refere-se a itens que questionam certas atitudes em relação à prática aquática. É composto por quatro itens: "Na piscina, quando você veste seu maiô, touca e chinelos, como faz isso?

Como você se sente quando vai à piscina? Como você entra na água? Teus amigos te escolhem para brincar na água?".

A resposta à Escala Pictórica de Competência Aquática Percebida (Figura 4.1. e Tabela 4.11) as crianças respondem em uma escala do tipo Likert de três opções: A (melhor), B (medianamente) e C (pior) a pergunta de cada item. Cada uma das alternativas é apresentada individualmente ao praticante com uma imagem (cômica) para facilitar o entendimento da pergunta. A criança com um lápis na mão indica qual das imagens se parece mais com ela. Para controlar as possíveis fontes de erro, a ordem dos itens é apresentada aleatoriamente a cada um dos participantes, da mesma forma que a ordem da apresentação intra-elemento (opção de resposta) é variada por item. A dimensão da capacidade motriz aquática é composta pelos itens 4, 5, 6, 7, 8 e 9, enquanto a dimensão disposição ao meio aquático é composta pelos itens 1, 2, 3 e 10.

Figura 4.1. Escala pictórica da motricidade aquática (Moreno e Ruiz, 2008)

1. Na piscina, quando você veste maiô, touca e chinelos, como faz isso?

A	B	C
Me visto sozinho	Algumas vezes me visto sozinho	Sempre meu professor me ajuda

2. Como se sente quando vai à piscina?

A	B	C
Fico feliz ao ir a piscina	Não gosto de ir a piscina	Me obrigam a ir

3. Como você entra na água?

A	**B**	**C**
Me atiro sem medo	Entro na água pouco a pouco	Não quero entrar na água

4. Você consegue subir pela escada?

A	**B**	**C**
Sei subir na parte funda	Somente sei subir na parte rasa	Não sei subir na escadinha

5. Você consegue flutuar?

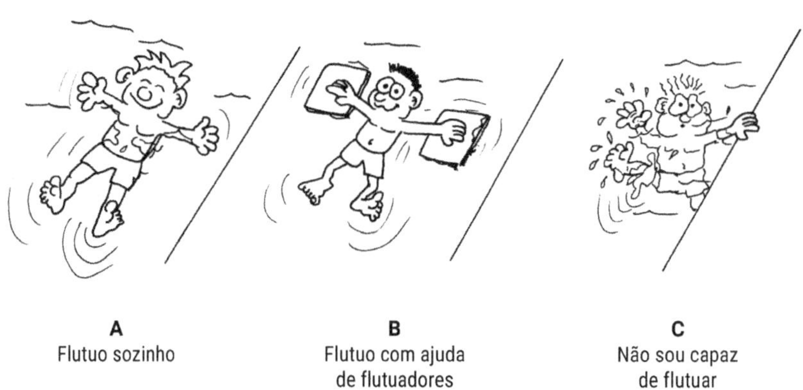

A	**B**	**C**
Flutuo sozinho	Flutuo com ajuda de flutuadores	Não sou capaz de flutuar

6. Você consegue ficar na parte funda sem ajuda de material?

A	B	C
Sim, sou capaz de me manter	Somente algumas vezes	Não sou capaz de me manter

7. Você é capaz de colocar as moedas no cofrinho?

A	B	C
Sim, muitas na parte funda	Sim, mas somente na parte rasa	Não consigo colocar nenhuma

8. Quantas argolas você consegue colocar na corda?

A	B	C
Muitas e na parte funda	Muitas, mas na parte rasa	Nenhuma

9. Quando participa de uma corrida com teus amigos na parte mais funda, em que posição costuma chegar?

A	**B**	**C**
Entre os primeiros	Entre os intermediários	Com os últimos

10. Teus amigos te escolhem para brincar na água?

A	**B**	**C**
Sempre me chamam para brincar	Às vezes me chamam para brincar	Nunca me deixam

Tabela 4.11. Ficha para medir a competência aquática percebida

Dimensões		Nível 1	Nível 2	Nível 3
Capacidade aquática	1. Você consegue subir pela escada?	1	2	3
	2. Você consegue flutuar?	1	2	3
	3. Você consegue ficar na parte funda sem ajuda de material?	1	2	3
	4. Você é capaz de colocar as moedas no cofrinho?	1	2	3
	5. Quantas argolas você consegue colocar na corda?	1	2	3
	6. Quando faz uma corrida com teus amigos na parte mais funda, em que posição costuma chegar?	1	2	3
Disposição aquática	1. Na piscina, quando você coloca maiô, touca e chinelos, como faz isso?	1	2	3
	2. Como se sente quando vai à piscina?	1	2	3
	3. Como você entra na água?	1	2	3
	4. Teus amigos te escolhem para brincar na água?	1	2	3

Nota: capacidade motora aquática (4, 5, 6, 7, 8 e 9); disposição para o meio aquático (1, 2, 3 y 10).

Capítulo 5
CONCLUSÕES

O livro teve como objetivo conceitualizar a competência aquática do século XXI, descrever sua evolução em nível comportamental, afetivo e cognitivo, mostrar uma maneira concreta de ensiná-lo (Método Aquático Compreensivo) e avaliá-lo.

A proposta se fundamenta nas evidências mostradas por certas técnicas pedagógicas no ensino. Baseia-se em minimizar as distrações, ajustando-o ao conteúdo e à idade dos alunos, fornecendo instruções com base no que os alunos já sabem e relacionando com as novas ideias. Buscamos incentivar a criação de um clima de aprendizagem na piscina, com a promoção do relacionamento entre o aluno e o professor.

A Metodologia Aquática Compreensiva considera que o resultado superior obtido com uma metodologia ativa como meio de aprendizagem é aparentemente menos atribuível a ela por si só do que à quantidade e qualidade do trabalho intelectual pessoal que isso permite gerar. É uma metodologia motivante, que impulsiona a ação, que melhora a atenção e o tempo de reação, transfere o que foi aprendido para o contexto social e favorece a regulação das emoções positivas. Apesar de basear-se em um modelo meta-cognitivo, a partir das técnicas comportamentais, ele se baseia no reforço dos comportamentos desejados, fornecendo feedback. Procura descrever adequadamente comportamentos adequados e inadequados e suas consequências, usando termos explícitos e claros; incentivar os alunos a procurar metas que apresentem um desafio, mas que estejam ao seu alcance, e que regulem seu próprio comportamento, considerando o sucesso em termos de melhoria e não em termos de comparação. Acreditamos que o sucesso ocorre como resultado do esforço, que também é formativo. As atividades são planejadas para que os alunos pensem ativamente e utilizem o que aprenderam. Quando as tarefas são complexas, elas são divididas em tarefas mais simples. Quando as informações precisam ser encontradas rapidamente, são projetadas tarefas que permitam ao aluno automatizar o que aprendeu. Quando possível, formar grupos de alunos que possam trabalhar juntos, proporcionando metas claros para o grupo, onde cada membro desempenha um papel diferente. E consideramos essencial ensinar com paixão e interesse, buscando relacionar o conteúdo aos interesses dos alunos.

Toda educação aquática deve se concentrar em gerar uma autonomia corporal que permita à criança usar efetivamente seu corpo no espaço e estabelecer relações com os elementos que a cercam, permitindo-lhe explorar seu próprio ambiente social. Devemos oferecer um cenário de aprendizado no qual descubra todos os tipos de conhecimentos, habilidades, destrezas, comportamentos, atitudes e valores que lhe permitam realizar com sucesso seus relacionamentos e formar sua personalidade.

Para alcançar a competência aquática, é necessário um compromisso dos educadores que inclui uma inovação educacional, na qual o papel do professor é assumido como arquiteto de contextos aquáticos significativos e facilitador da aprendizagem. A investigação, o significado, a experimentação, a construção individual e coletiva do entendimento, a inclusão do erro, são parte construtiva do processo de aquisição da competência aquática. Assumir também que o papel dos alunos é dinâmico, participativo e autônomo. Entender que o aprendiz deve assumir seu desenvolvimento, ter objetivos claros e saber que o aprendizado é um processo que requer ações mentais para construir o entendimento. E, logicamente, que a memorização por repetição sem entendimento não leva a lugar algum.

O projeto pedagógico que apresentamos tem suas limitações. Entre elas, a necessidade de continuar aprofundando nas relações entre os diferentes agentes do processo de ensino-aprendizagem (famílias, educadores e crianças) com uma metodologia compreensiva; a necessidade de incorporar novas tecnologias na busca da competência aquática; verificar outras maneiras de realizar a educação abrangente por meio do jogo aquático; aprofundar ainda mais no professor como guia, dinamizador ou treinador; continuar estudando as emoções e como a gestão delas pode ajudar nesse processo.

Na busca da competência aquática, o MAC é uma abordagem de ensino centrada no aluno e leva em consideração as diferenças individuais dos alunos, os fatores metacognitivos/cognitivos, motivacionais/afetivos, evolutivos e sociais. Tudo isso para que aprendam a usar a inteligência para orientar ativamente seu comportamento em prol de sua autonomia.

Ao aprender fazendo, descobrindo os princípios, conceitos, teorias e leis por si mesmos, pelo profundo entendimento produzido pelo raciocínio prático, crítico e criativo e pelos efeitos permanentes que pode produzir, apostamos na busca pela competência aquática baseada em uma proposta metodológica em que o foco está no aluno e na comunidade.

Esperamos que a leitura deste volume represente para o leitor um punto de reflexão em seu pensamento, assim como para nós significou colocar no papel o que temos representado na prática há tantos anos. A educação aquática não pode se tornar apenas um repertório de soluções, porque muitos problemas ainda não foram sequer levantados, mas em um ensino para encontrar soluções. Neste sentido, as orientações pedagógicas voltadas para a solução de problemas podem ajudar na capacitação.

REFERÊNCIAS BIBLIOGRÁFICAS

Introdução

Brenner, R. A., Moran, K., Stallman, R. K., Gilchrist, J., y McVan, J. (2006). Swimming ability and the risk of drowning. In J. J. L. M. Bierens (ed.), *Handbook on Drowning: Prevention, rescue treatment* (pp.112-117). Berlin: Springer-Verlag.

Langerdorfer, S. (2011). Editorial: Considering drowning, drowning prevention, and learning to swim. *International Journal of Aquatic Research and Education, 5,* 236-243.

Morán, K. (2013). *Defining 'swim and survive' in the context of New Zealand drowning prevention strategies: A discussion paper.* Auckland, NZ: WaterSafe Auckland. http://www.watersafe.org.nz/educators/research-and-information/research-reference/

Ruiz, L. M. (1999). Control Motor y competência acuática en la infancia. *NSW, XX* (3), 10-16.

Ruiz, L. M. (2014). De qué hablamos cuando hablamos de competência motriz. *Acción Motriz, 12,* 37-44.

Ruiz-Pérez, L. M. (2017). Competência motriz acuática: Una cuestión de edades. *RIAA. Revista de Investigación en Actividades Acuáticas, 1*(3), 16-22.

Capítulo 1

Albarracín, A., y Moreno-Murcia, J. A. (2018). Natación a la escuela. Hacia una alfabetización acuática. *RIAA. Revista de Investigación en Actividades Acuáticas, 2*(3), 54-67.

Abrahamson, E., y Schagatay, E. (2014). A living base don breath-hold diving in the Bajau Laut. *Human Evolution,* 29(1-3), 171-183.

Bergman, J. (2007). The aquatic ape theory: challenge to the orthodox theory of human evolution. *Journal of Creation, 21*(1), 111-118.

Brenner, R. A., Moran, K., Stallman, R. K., Gilchrist, J., y McVan, J. (2006). Swimming ability and the risk of drowning. In J. J. L. M. Bierens (ed.), *Handbook on Drowning: Prevention, rescue treatment* (pp.112-117). Berlin: Springer-Verlag.

Diem, L. (1982). Early motor stimulation and personal development: A study of four to six year old German children. *Journal of Physical Education, Recreation and Dance, 53*(9), 23-25.

Diem, L., Bresges, L., y Hellmich H. (1978). *El niño aprende a nadar.* Valladolid: Miñón.

Foley, R., y Mirazón, M. (2014). The role of the aquaric in Human evolution: Constraining the aquatic ape hypotheis. *Evolutionary Antropology, 23,* 56-59.

Hardy, A. C. (1960). Was man more aquatic in the past? *The New Scientist, 7*, 642-645.

Langendorfer, S., y Bruya, L. (1995). *Aquatic readiness. Developing water competence in Young children*. Champaign: Human Kinetics.

McGraw, M. (1939). Swimming behaviour of the human infant. *Journal of Pediatrics, 15*, 485-490.

Mandigo, J., Francis, N., Lodewyk, K., y Lopez, R. (2012). Physical literacy for educators. *Physical Education and Health Journal, 12*(75), 27e30.

Morán, K. (2013). *Defining 'swim and survive' in the context of New Zealand drowning prevention strategies: A discussion paper.* Auckland, NZ: WaterSafe Auckland. http://www.watersafe.org.nz/educators/research-and-information/research-reference/

Moreno, J. A., y De Paula, L. (2009). *Estimulación acuática para bebés*. Barcelona: INDE

Morgan, E. (1982). *The Aquatic Ape: A Theory of Human Evolution*, New York: Stein and Day.

O'neal, E. E., y Plumert, J. M. (2014). Mother-child conversations about safety: Implications for socializing safety values in children. *Journal of Pediatric Psychology*, 1-11. doi 10.1093/jpepsy/jsu005.

Plumert, J. M. (1995). Relationships between children's overestimation of their physical abilities and accident proneness. *Developmental Psychology, 31*, 866-876.

Plumert, J. M. (2003). Children overestimation of their physical abilities: links to injury proneness. En G. Savelsbergh, K. Davids, J. van der Kamp, y S. J. Bennett (eds), *Development of movement co-ordination in children* (pp. 29-40). London:Routledge

Ruiz, L. M., y Linaza, J. L. (2015). Motor Skills, Motor Competence and Children: Bruner's Ideas in the Era of Embodiment Cognition and Action. En G. Marsico (ed.), *Jerome S. Bruner beyond 100. Cultivating possibilities* (pp. 113-122). Switzerland: Springer-Verlag Gmbh.

Ruiz, L. M. (1995). *Competência motriz*. Madrid: Gymnos.

Ruiz, L. M. (1999). Control motor y competência acuática en la infancia. *NSW, XX*(3), 10-16.

Ruiz, L. M. (2014). De qué hablamos cuando hablamos de competência motriz. *Acción Motriz, 12*, 37-44.

Stallman, R. K. (2017). From Swimming Skill to Water Competence: A Paradigm Shift. *International Journal of Aquatic Research and Education, 10*(2). doi: 10.25035/ijare.10.02.02

Stallman, R. K., Moran, K., Quan, L., y Langendorfer, S. (2017). From swimming skill to water competence: Towards a more inclusive drowing prevention future. *International Journal of Aquatic Research and Education, 10*(2). doi: 10.25035/ijare.10.02.03

Stodden, D., Goodway, J., Langendorfer, S., Roberton, M. A., Rudisill, M. E., García, C., y García, L. E. (2008). A developmental perspective on the role of motor skill competence in physical activity: An emergent relationship. *Quest, 60*, 290-306.

Varveri, D., Flouris, A., Smirnios, N., Pollatau, E., Karatzaferi, C., y Sakkas, G. K. (2016). Developing and testing an instrument to assess aquaticity in humans. *Journal of Bodywork and Movement Therapies, 20*, 497-503. Doi: 10.1016/j.jbmt.2015.12.013

Verhaegen, M., Puech, P., y Munro, S. (2002). Aquarboreal ancestors? *Trends in Ecology and Evolution*, 17, 212-217.

Whitehead M. (2001). The concept of physical literacy. *European Journal of Physical Education*, 6, 127e38.

Capítulo 2

Azemar, G. (1982). L´ontogénèse du comportement moteur. En G. Azemar y H. Ripoll (eds.), *Élements de neurobiologie des comportements moteurs* (pp. 271-318). París: INSEP.

Clark, J. E. (2005). From the beginning: A developmental perspective on movement and mobility. *Quest, 57,* 37-45.

Clark, J. E., y Metcalfe, J. S. (2002). The Mountain of Motor Development: A Metaphor. In J. E. Clark, y J. Humphrey (eds.), *Motor Develop ment: Research and Reviews* (pp. 163-190). Reston, VA: NASPE Publications.

Cratty, B. J. (1982). *Desarrollo perceptual y motor en los niños.* Buenos Aires: Paidós.

Diem, L. (1982). Early motor stimulation and personal development: A study of four to six year old German children. *Journal of Physical Education, Recreation and Dance, 53*(9), 23-25.

Fundación Orbegozo (2004). Estudios de Crecimiento. Recuperado de https://www.fundacionorbegozo.com/el-instituto-de-investigacion-del-crecimiento-y-desarrollo/graficas-y-tablas/

Gallahue, D. L., Ozmun, J. C., y Goodway, J. (2012). *Understanding Motor Development: Infants, Children, Adolescents, Adults.* New York: McGraw-Hill.

Langendorfer, S., y Bruya, L. (1995). *Aquatic readiness. Developing water competence in Young children.* Champaign: Human Kinetics.

Moreno, J. A. (2001). *Juegos acuáticos educativos.* Barcelona: Inde.

Moreno-Murcia, J. A., y Albarracín, A. (2017). Adquisición de las habilidades motrices acuáticas como paso previo a las habilidades deportivas acuáticas. En F. Navarro, M. Gonzálvez, y D. Juárez (eds.), *Natación +. Un compendio sobre la natación actual desde la enseñanza hasta la gestión* (pp. 633-686). Madrid: RFEN y Cultiva Libros.

McGraw, M. (1939). Swimming behaviour of the human infant. *Journal of Pediatrics, 15,* 485-490.

Moreno, J. A., y De Paula, L. (2009). *Estimulación acuática para bebés.* Barcelona: Inde.

Pérez, B., y Moreno, J. A. (2007). Importancia de la respiración en el aprendizaje acuático: fundamentación teórica e implicaciones prácticas. *Revista Iberoamericana de Psicomotricidad y Técnicas Corporales, 27,* 39-56.

Piaget, J. (1959). *La formación del símbolo en el niño.* México: Fondo de Cultura Económica.

Piaget, J. (1970). La teoría de Piaget. En P. H. Mussen, *Carmichael's manual of child psychology* (pp. 98-109). Nueva York: Wiley.

Rocha, H. A., Marinho, D. A., Garrido, N. D., Morgado, L.S., y Costa, A. M. (2018). The acquisition of aquatic skills in preschool children: deep versus shallow water wmming lessons. *Motricidade, 14*(1), 66-72.

Ruiz, L. M. (1987). *Desarrollo motor y actividades físicas.* Madrid: Gymnos.

Zelazo, P. R. (2009). Infant Swimming Behaviors: Cognitive Control and the Influence of Experience. *Journal of Cognition and Development, 7*(1), 1-25.

Vallet, J. (1974). *Les bébés-nageurs.* París: Olivier Orban.

Wickstrom, R. L. (1990). *Patrones motores básicos.* Madrid: Alianza.

Capítulo 3

Bloom, B. S. (1956). *Taxonomy of educational objectives: The classification of educational goals: Handbook I, cognitive domain.* New York: Longmans, Green.

Brown, P. C., Roediger, H. L., y McDaniel, M. A. (2014). *Make it Stick: The science of successful learning.* London: The Belknap Press of Harvard University Press.

De Paula-Borges, L., y Moreno-Murcia, J. A. (2018). Efectos del Método Acuático Comprensivo en estudiantes de 6 y 7 años. *RIAA. Revista de Investigación en Actividades Acuáticas, 2*(3), 27-36.

Deci, E. L., y Ryan, R. M. (1987). The support of autonomy and the control of behavior. *Journal of Personality and Social Psychology, 53,* 1024-1037.

Hayes, S. C., Barnes-Holmes, D., y Roche, B. (Eds.). (2001). *Relational Frame Theory: A Post-Skinnerian account of human language and cognition.* New York: Plenum Press.

Hattie, J. (2012). *Visible learning for teachers. Differing perspectives in motor learning, memory, and control* (pp. 295-317). Amsterdam: North-Holland.

Howard-Jones, P. A., Varma, S., Ansari, D., Butterworth, B., De Smedt, B., Goswami, U., Laurillard, D., y Thomas, M. S. C. (2016). The principles and practices of educational neuroscience: Comment on Bowers (2016). *Psychological Review, 123*(5), 620-627. http://dx.doi.org/10.1037/rev0000036

Light, R., y Wallian, N. (2012). A constructivist-informed approach to teaching swimming. *Quest, 60*(3), 387-404.

Marina, J. A. (2017). *El bosque pedagógico y cómo salir de él.* Barcelona: Ariel.

Moreno, J. A. (2005a). Las experiencias previas del alumno en las actividades acuáticas educativas. *NSW, 2,* 25-34.

Moreno, J. A. (2005b). Desarrollo y validación preliminar de escalas para la evaluación de la competência motriz acuática en escolares de 4 a 11 años. *RICYDE. Revista Internacional de Ciencias del Deporte, 1*(1), 14-27.

Newell, K. M. (1985). Coordination, control and skill. En R.B.Wilberg y I. M. Franks (eds.), *Differing perspectives in motor learning, memory, and control* (pp. 295-317). Amsterdam: North-Holland.

Piaget J. (1978). *La equilibración de las estructuras cognitivas. Problema central del desarrollo.* Madrid: Siglo XXI.

Rasmussen, J. (1983). Skills, rules, and knowledge; signals, signs, and symbols, and other distinctions in human performance models. *IEEE Transactions on Systems, Man, and Cibernetics, 13*(3), 257-266.

Ryan, R. M., y Deci, E. L. (2000). Self-determination theory and the facilitation of intrinsic motivation, social development and well-being. *American Psychologist, 55,* 68-78.

Salar, C. (2017). *Evaluación del desarrollo evolutivo acuático y efecto de una metodología activa en niños de 6 a 36 meses* (Tesis doctoral). Universidad Cardenal Herrera, Elche.

Vygotsky, L. S. (1978). *Mind in society.* Cambridge, MA: Harvard University Press.

Zakhartchouk, J. M. (2015). *Apprendre à apprendre.* París: Canopé-CNDP.

Capítulo 4

Azemar, G. (1974). Le tout petit et l'eau: l'experience motrice de tout petit en melieu aquatique. *Education Physique et Sport*, 129-130.

Bandura, A. (1977). Self-efficacy: toward a unifying theory of behavioural change. *Psychological Review, 84*, 191-215.

Causgrove-Dunn, J. L., y Watkinson, E. J. (1994). A study of the relationship between physical awkwardness and children's perceptions of physical competence. *Adapted Physical Activity Quarterly, 11(3)*, 275-283.

Del Castillo M. (2001). *La experiencia acuática en la primera infancia como aprendizaje motor enriquecedor del desarrollo humano: un estudio en la Escuela Acuática Infantil del INEF de Galicia* (tesis doctoral). A Coruña, Universidad da Coruña.

Diem, L., Bresges, L., y Hellmich H. (1978). *El niño aprende a nadar*. Valladolid: Miñón

Erbaugh, S. J. (1979). The development of swimming skills of preschool children. En C. H. Nadeau, W. R. Halliwell, K. M. Newell y G. C. Roberts (Eds.), *Psychology of motor behavior and sport* (pp. 79-94). Champaign: Human Kinetics.

Erbaugh, S. (1981). The development of swimming skills of preschool children over a one and one-half year period. *Dissertation Abstracs International, 42*, 2558A.

Erbaugh, S. (1986). Effects of aquatic training on swimming skill development of preschool children. *Perceptual and Motor Skills, 62*, 439-446.

Harter, S. (1981a). The development of competence motivation in the mastery of cognitive and physical skills: is there still a place for joy? En G. C. Roberts y D. M. Landers (Eds.), *Psychology of motor behaviour and sport* (pp. 3-29). Greenwich, CT: JAI Press.

Jorge, A. B., Edison, Roberta, B., y Victor, H. A. (2013). Pilot study on infant swimming clases and aearly motor development. Physical development y measurement. *Perceptual and Motor Skills, 117*, 3, 950-955.

Langerdorfer, S., y Bruya, L. (1995). *Aquatic competence. Developing water competence in young children*. Champaing, IL.: Human Kinetics.

Langendorfer, S., Roberts, J., y Ropka, R. (1987). Aquatic readliness: a developmental test. *National Aquatics Journal, 3*, 8-12.

McGraw, M. B. (1939). Swimming behavior of the human infant. *The Journal of Pediatrics, 15(4)*, 485-490.

Mayerhorfer, A. A. (1952). *Swimming movements in infants* (tesis doctoral). Leipzig, Universidad de Leipzig, Alemania.

Moreno, J. A. (2005b). Desarrollo y validación preliminar de escalas para la evaluación de la competência motriz acuática en escolares de 4 a 11 años. *RICYDE. Revista Internacional de Ciencias del Deporte, 1(1)*, 14-27.

Moreno, J. A., y Gutiérrez, M. (1998). *Bases metodológicas para el aprendizaje de las actividades acuáticas educativas*. Barcelona: Inde.

Moreno, J. A., Pena, L., y Del Castillo, M. (2004). *Manual de actividades acuáticas infantiles*. Barcelona: Paidós.

Moreno, J. A., y Ruiz, L. M. (2008). Aquatic perceived competence in children: Development and preliminary validation of a pictorical scale. *International Journal of Aquatic Research and Education, 2*, 313-329.

Moreno-Murcia, J. A., Huéscar, E., y Richart, J. A. (2017). Acquisition of aquatic motor skills through children's motor stories. *International Journal of Aquatic Research and Education, 10(3)*, 1-9.

Moreno-Murcia, J. A., Huéscar, E., Polo, R., López, E., Carbonell, B., y Meseguer, S. (2016). Tales Effect in Real and Perceived Aquatic Competence in Preschoolers. *Revista Internacional de Medicina y Ciencias de la Actividad Física y el Deporte, 16*(61), 127-138. DOI: http://dx.doi.org/10.15366/rimcafd2016.61.010

Ruiz, L. M. (1995). *Competência motriz*. Madrid: Gymnos.

Ruiz, L. M. (2005). *Moverse con dificultad en la escuela. Introducción a los problemas evolutivos de coordinación motriz*. Sevilla: Wanceullen.

Ruiz, L. M., Graupera, J. L., y Gutiérrez, M. (2001). Observing and detecting pupils UIT low motor competence in school physical education: ECOMI Scale in the gymnasium. *International Journal of Physical Education, 38*, 73-77.

Ruiz, L. M., y Graupera, J. L. (2005). New measure of perceived motor competence for children ages 4 to 6 years. *Perceptual and Motor Skills, 101*, 131-148

Salar-Andreu, C., Moreno-Murcia, J. A., y Ruiz-Pérez, L. M. (2018). Validación del inventario evolutivo acuático IDEA de 6 a 12 meses / Validation on the Inventory of Evolutionary Aquatic Development IEAD (IDEA) in 6 To 12 Month Old Babies. *Revista Internacional de Medicina y Ciencias de la Actividad Física y el Deporte, 18*(71), 555-576 DOI: http://dx.doi.org/10.15366/rimcafd2018.71.010

Salar-Andreu, C., y Moreno-Murcia, J. A. (en prensa). Validation of the Inventory Development in an Aquatic médium por 13 to 24 month old children. *International Journal of aquatic Research and Education*.

Salar-Andreu, C., y Moreno-Murcia, J. A. (en prensa). Validation of the Inventory Development in an Aquatic médium por 25 to 36 month old children. *Anales de Pediatría*.

Shapiro, D. R., Yun, J., y Ulrico, D. A. (2002). Measuring perceived gross motor skill competente in children. *International Journal of Sport Psychology, 33*, 391-409. Referencias bibliográficas

SOBRE OS AUTORES

Juan Antonio Moreno Murcia é Catedrático e exerce seu trabalho de ensino e pesquisa na Universidade Miguel Hernandez, em Elche (Espanha). É autor de mais de 10 livros relacionados a atividades aquáticas e presidente da Associação Iberoamericana de Educação Aquática, Especial e Hidroterapia (AIDEA). Suas publicações incluem: Polo, R., López, E., Carbonell, B., Meseguer, S. e Moreno-Murcia, J. A. (2012). Guia para criar contos motores aquáticos. Barcelona: Inde; Moreno, J. A. Arias, J. A. Caravana, M. A., Del Castillo, M., pinto, R. e De paula, L (2010). Guia de educação aquática infantil. Barcelona: Inde; Moreno, J. A. e De Paula L. (2009). Estimulação aquática para bebês. Barcelona: Inde; Moreno, J. A., Pena, L. e Del Castillo, M. (2004). Manual de atividades aquáticas para crianças. Barcelona: Paidós; Moreno, J. A. (2001). Jogos educativos de água. Barcelona; Moreno, J. A. e Gutiérrez, M. (1998). Bases metodológicas para a aprendizagem de atividades aquáticas. Barcelona: Inde.

Luis Miguel Ruiz Pérez é Catedrático e exerce seu trabalho de ensino e pesquisa na Universidade Politécnica de Madri (Espanha). É Diretor do Laboratório de comportamento motor e social do esporte da Faculdade de Ciências da Atividade Física e Esporte (INEF) da Universidade Politécnica de Madri e seu campo de pesquisa é a Psicologia do Esporte, Desenvolvimento Motor, Aprendizagem Motora e Desportivo.

DIRETORES DA COLEÇÃO

Fernando Navarro

Doutor em Ciência do Esporte UPM
Master em Esporte de Alto Desempenho COE/UAM
Master-Trainer ENE/RFEN
Treinador Olímpico

Antonio Oca

Diretor Técnico da FNCLM
Professor ENE/RFEN
Ex-Selecionador Nacional de Jovens

 SERIE 1 / **ENSINO**

1. Como alcançar a competência aquática
2. Las primeras brazadas en el medio acuático
3. La enseñanza de la natación deportiva

SERIE 2 / **BASES DA PRÁTICA**

1. Identificación del nadador con talento y el entrenamiento
   hacia la excelencia
2. Perfeccionamiento técnico de los estilos
3. Perfeccionamiento técnico de salidas, virajes y llegadas

 SERIE 3 / **DESENVOLVIMENTO DE ALTO RENDIMENTO**

1. El entrenamiento de la resistencia
2. El entrenamiento de la fuerza
3. El entrenamiento de la velocidad
4. La planificación del entrenamiento para competición
5. Cómo mejorar el rendimiento en las pruebas de
   50 y 100 m / 200 y 400 m / 800 y 1500 m
6. Cómo mejorar el rendimiento en las pruebas de aguas abiertas

SERIE 4 / **CONTEÚDOS DE APOIO**

1. La gestión de las piscinas de uso público: derechos, programas y garantías
3. La monitorización y el control del entrenamiento
4. Biomecánica de la natación
5. Fisiología de la natación
6. Entrenamiento psicológico
7. La alimentación del nadador